PERISHING POLES
by Anita Ganeri, illustrated by Mike Phillips
Text copyright ⓒ 2002 by Anita Ganeri
Illustrations copyright ⓒ 2002 by Mike Phillips
All rights reserved.
Korean translation copyright ⓒ 2009 by Gimm-Young Publishers, Inc.
This Korean edition was published by Gimm-Young Publishers, Inc. in 2009
by arrangement with Scholastic Ltd. through EYA(Eric Yang Agency), Seoul.

이 책의 한국어판 저작권은 에릭양 에이전시를 통해 Scholastic Ltd.와 독점계약한
(주)김영사에 있습니다. 저작권법에 의하여 한국 내에서 보호를 받는 저작물이므로
무단 전재와 복제를 금합니다.

오들오들 남극북극

앗, 이렇게 재미있는 사회·역사가!

애니타 개너리 글 | 마이크 필립스 그림 | 이윤선 옮김

주니어김영사

오들오들 남극북극

1판 1쇄 인쇄 | 2009. 6. 22.
개정 1판 1쇄 발행 | 2019. 12. 5.

애니타 개너리 글 | 마이크 필립스 그림 | 이윤선 옮김

발행처 김영사 | 발행인 고세규
등록번호 제 406-2003-036호 | 등록일자 1979. 5. 17.
주소 경기도 파주시 문발로 197(우10881)
전화 마케팅부 031-955-3100 | 편집부 031-955-3113~20 | 팩스 031-955-3111

값은 표지에 있습니다.
ISBN 978-89-349-9855-6 74080
ISBN 978-89-349-9797-9 (세트)

좋은 독자가 좋은 책을 만듭니다. 김영사는 독자 여러분의 의견에 항상 귀 기울이고 있습니다.
독자의견전화 031-955-3139 | 전자우편 book@gimmyoung.com
홈페이지 www.gimmyoungjr.com | 어린이들의 책놀이터 cafe.naver.com/gimmyoungjr

이 도서의 국립중앙도서관 출판시도서목록(CIP)은 서지정보유통지원시스템
홈페이지(http://seoji.nl.go.kr)와 국가자료공동목록시스템(http://www.nl.go.kr/kolisnet)에서
이용하실 수 있습니다. (CIP제어번호 : CIP2019031419)

어린이제품 안전특별법에 의한 표시사항
제품명 도서 제조년월일 2019년 12월 5일 제조사명 김영사 주소 10881 경기도 파주시 문발로 197
전화번호 031-955-3100 제조국명 대한민국 ⚠주의 책 모서리에 찍히거나 책장에 베이지 않게 조심하세요.

차례

들어가는 말	7
남극을 향한 경주	11
냉랭한 극지	23
빙산의 일각	41
극지의 생활	60
극지의 사람들	78
빙하의 탐험가들	102
위기에 처한 극지	121
위험한 미래?	133

들어가는 말

지리 시간이다. 지리 선생님이 온갖 종류의 이상한 단어를 들먹이며 정신없이 이야기를 해 대는 통에 잔뜩 주눅 들어서 얼어붙었군. 하늘에서 내리는 눈도 웃겠는걸.

*빙하 작용이란 한 장소가 어떻게 얼음으로 덮이는가를 설명하는 까다로운 기술 용어다.

젤리플럭션은 봄에 얼어 있던 땅이 녹으면서 꺼져 내리는 현상이고, 폴리나스는 바다 얼음으로 둘러싸인 물웅덩이. 괜히 질문했다 싶을걸!

하지만 침착해라! 더 끔찍할 수도 있으니까. 훨씬 더 말이다. 교실이 끔찍하게 숨 막히고 냉랭하더라도, 얼어붙을 듯이 추, 추, 추운 북극이나 남극에서 학교에 다니지 않는 것만 해도 어딘가. 아마 추위 막느라 정신없어서 투덜거릴 겨를도 없을걸.

극지방의 단점은 지구 상에서 가장 춥고, 가장 얼음이 많고, 가장 건조하다는 것이다. 극지방은 바람이 거세게 불고 멀기도 끔찍이 멀다. 그리고 지구 끄트머리에 있어서 그보다 더 멀리 갈 수도 없다. "멀어서 못 가겠네." 하며 좋아할지도 모르겠지만 사실 극지방은 예로부터 지리학에서 가장 매력적인 곳이었다. 여러분도 곧 극지방에 열광하게 될 것이다(동상에 걸리지 않는다면 말이다).

겁난다고? 그럴 필요 없다. 이 책의 위대한 점은 집을 떠나지 않고도 멀리 떨어진 극지방에 갈 수 있다는 것이니까! 입으로만 여행하는 사람(바로 여러분처럼)에게 이상적인 책이라는 말씀. 자, 푹신한 안락의자에 앉아서 편안한 마음으로 여행을 시작하자. 여러분이 극지방에 대한 새로운 지식을 선보이면 선생님이 얼마나 감명 받겠는가? 참, 얼음 깨는 송곳도 준비할 필요 없다.

극지방이 어떤 곳인지 정말 알고 싶으면 (잠자리에서 일어날 필요 없이) 간단한 실험을 해 보자. 진짜 진짜 추운 겨울날을 기다려야 한다. 현관문을 나서려면 제설기가 필요할 만큼 눈이 많이 내린 추운 날 말이다. 학교에 가기는 애초에 글러 버린 날! 그런 날 여동생을 밖으로 내보내는 거다. 그리고 몇 분 지난 뒤 동생을 다시 불러들여서 유심히 살펴보아라. 동생이 a) 소름이 돋았는지 b) 꽁꽁 얼었는지 c) 코가 빨갛게 얼다 못해 새파랗게 질려 버렸는지…….

3가지 모두 답이라면, 극지방이 어떤 곳인지 조금은 알 수 있을 거다(걱정할 것 없어. 여동생이 일러바치진 못할 거야. 이가 심하게 딱딱 맞부딪칠 테니까!).

극지방은 급속 냉동실보다 훨씬 더 춥다. 그리고 수 킬로미터 두께의 얼음으로 덮여 있다. 하지만 극지방은 지구상에서 가장 멋진 곳이다. 극지방에서 여러분은……

• 에스키모들의 개 썰매 모는 법을 배운다.
• 빙하 속에 냉동된 매머드를 찾는다.

- 순록 위장의 내용물을 먹음직스럽게 한 국자 뜬다.
- 얼음같이 산뜻한 빙하학자* 글로리아와 함께 벨기에만 한 크기의 빙산을 뒤쫓는다.

*빙하학자란 얼음을 연구하는 과학자를 고상하게 부르는 이름이야. 어휴, 선생님이 끝도 없이 떠들어 대는 시시한 소리를 알아듣는 사람이 있다니 다행이군.

지금껏 이런 지리책은 없었다. 그뿐인가. 끝내주게 재미있기까지 하다. 하지만 명심할 게 있다. 여러분이 지금 집 안에 있더라도 이 책을 읽으려면 그 전에 옷부터 따뜻하게 챙겨 입어야 한다는 것. 이제 등골이 오싹한 모험을 시작할 테니까.

남극을 향한 경주

1911년 11월 1일 남극 대륙 맥머도 만

  쌀쌀한 아침 추위 속에서 남자 몇 명이 동료와 악수하며 작별 인사를 했다. 분위기는 침울했다. 친구를 다시 볼 수 있을까? 아무도 모르는 일이다. 그들은 지금 일생일대의 모험을 시작하려는 참이다. 꽁꽁 얼어붙은 남극의 황무지를 가로지르는 매우 위험한 여정이 그들 앞에 놓여 있다.

  그중 한 사람은 전에도 그 황무지를 본 적이 있었다. 탐험대 지도자인 로버트 팰컨 스콧(Robert Falcon Scott) 선장! 스콧은 9년 전, 남극점을 약 100km 앞둔 지점에서 살을 에는 추위와 몸을 가눌 수 없을 만큼 세차게 불어 대는 바람 때문에 발길을 돌려야 했다. 그는 인류 역사상 남극점에 도착한 최초의 인물로 이름을 남기고 싶었다. 스콧은 가다가 죽는 한이 있어도 이번엔 꼭 성공하겠다고 굳게 마음먹었다.

  여행을 준비하는 데 거의 1년이 걸렸다. 1910년 6월 1일, 스콧 선장이 지휘하는 배 '테라노바'가 마침내 영국을 출발했다. 테라노바는 낡은 고래잡이배를 뜯어고쳐 빙하를 돌파할 수 있도록 만든 튼튼한 배다. 테라노바는 6개월간의 험난한 항해 끝에, 표류하는 총빙(바다 위에 떠다니는 얼음이 모여 얼어붙은 것) 사이를 지나 맥머도 만에 정박했다. 스콧과 부하들은 로스 섬 에번스 곶의 바닷가에 오두막을 짓고 그곳에서 길고 음울한 겨울(남반구는 계절이 반대다. 그래서 남극에서는 3월에서 10월까지가 겨울이다.)을 보냈다.

그들은 변덕스러운 날씨에 아랑곳하지 않고, 남극점까지 가는 길목에 보급품을 갖다 놓거나 과학 실험을 하면서 바쁘게 보냈다. 저녁 시간이면 축음기로 음악을 듣거나 슬라이드 영상을 보며 지냈다. 거기까지는 괜찮았다.

드디어 기다림의 시간이 끝나고, 남극으로 향할 시간이 되었다. 스콧 선장은 작별 인사를 하는 내내 냉정하고 침착해 보였지만 그의 머릿속은 질주하고 있었다. 남극으로 오기 전, 스콧은 최대 경쟁자인 노르웨이의 탐험가, 로알 아문센(Roald Amundsen)이 지구 반대쪽에서 북극을 향해 가고 있다는 데 안심하고 런던을 떠났다. 아문센은 스콧에게 남극점 정복을 맡기고 자신은 북극점에 도착한 최초의 인물이 되기를 바랐다(아니, 스콧이 그렇게 믿었다). 그런데 1909년 4월 6일, 미국인 로버트 피어리가 북극점에 도착했다고 주장하면서 아문센의 계획이 틀어졌다. 야심에 불탔던 아문센은 선원들에게 아무 말도 하지 않고 즉각 진로를 바꿔 남극으로 향했다. 스콧은 다음과 같은 아문센의 전보에서 그 사실을 처음 알게 되었다.

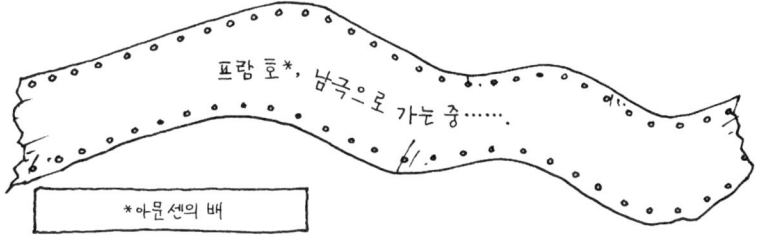

스콧이 전보를 보았을 때 아문센은 이미 길을 나선 뒤였다. 둘 다 물러설 수 없었다. 남극점을 향한 경주는 이미 시작되었다. 스콧이 도착하고 나서 10일 뒤, 아문센 일행도 로스 빙붕(두꺼운 얼음 층의 끝이 바다로 밀려 나온 부분)의 웨일스 만에 도착해 프람하임이라는 캠프를 세웠다. 모든 일이 아문센의 계획대로 되었다. 스콧과 부하들이 남극에서 겨울을 보내고 작별 인사를 하는 동안, 아문센 일행은 이미 남극점을 향해 가고 있었다.

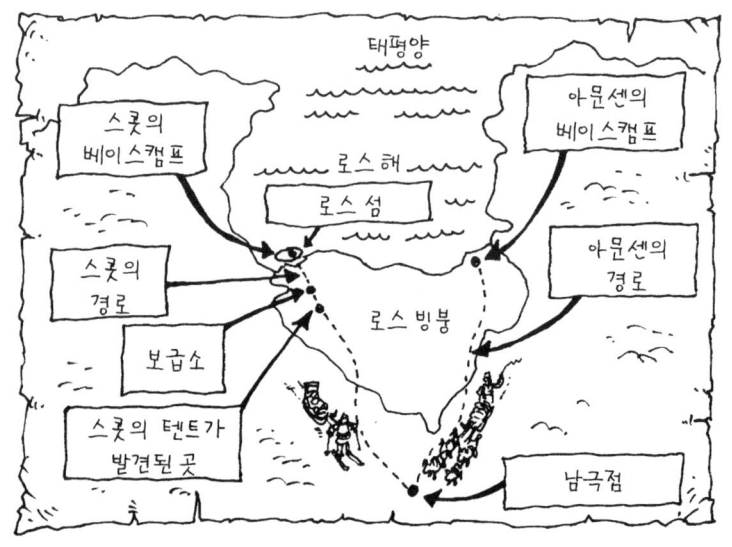

1911년 12월 / 1912년 1월

스콧이 에번스 곶을 떠날 무렵, 아문센은 스콧보다 12일 앞서 있었다. 게다가 그들의 거리는 점점 더 벌어졌다. 11월 17일까지, 불굴의 아문센과 부하들은 남극 횡단 산맥(트랜선탁틱 산맥) 기슭의 중간 지점에 도착했다. 그런데 그들의 앞길에 또 다른 장애물이 놓여 있었다. 악셀하이베르크라고 불리는, 가파르게 비탈진 빙하였다. 그 빙하는 여기저기 틈이 벌어져 벌집이 되었고 거대한 얼음 덩어리들이 곳곳에 흩어져 있었다. 아문센 일행은 위험천만한 비탈을 4일 동안이나 힘겹게 기어올랐다. 천신만고 끝에 그들은 꼭대기에 이르렀다. 이제 그들과 남극점 사이에는 눈부시게 하얗고 드넓은 빙하(남극 고원이라고 불리는)뿐이었다.

그때 재난이 시작되었다. 별안간 날씨가 바뀐 것이다. 앞이 안 보일 정도로 세차게 날리는 눈보라와 정신없이 휘몰아치는 거센 바람이 2주 동안 고원을 휩쓸었다. 그들은 빙하 덩어리 뒤에 세운 부실한 텐트 안에 숨어서 목숨을 구해 달라고 기도했다. 다행히 기도에 대한 응답이 있었다. 바람이 홀연히 멎더니 날씨가 맑아졌다. 눈부신 햇살과 푸른 하늘이 드러나면서 나머지 여정이 순조롭게 진행되었다.

12월 14일, 아문센과 강인한 동료들은 마침내 남극점에 섰다. 그들은 아무 말 없이 악수를 나누었다. 그 어떤 말도 필요 없었다. 그들은 해냈고, 그것으로 충분했다. 하지만 감히 오래 머물지는 못했다. 날씨가 또 언제 변덕을 부릴지 모르니까. 아문센은 세상 사람들에게 자신이 해냈다는 사실을 증명하기 위해, 3일 동안 자신의 정확한 위치를 육분의(수평선과 태양 사이의 각을 측정해서 항해할 때 쓰는 구식 기구)로 확인했다. 그들은 남극점을 떠나기 전에 텐트를 치고 꼭대기에 노르웨이 국기를 꽂았다. 아문센은 노르웨이 왕에게 자신들의 대성공 소식을 전해

달라고 스콧에게 메모를 남겼다.

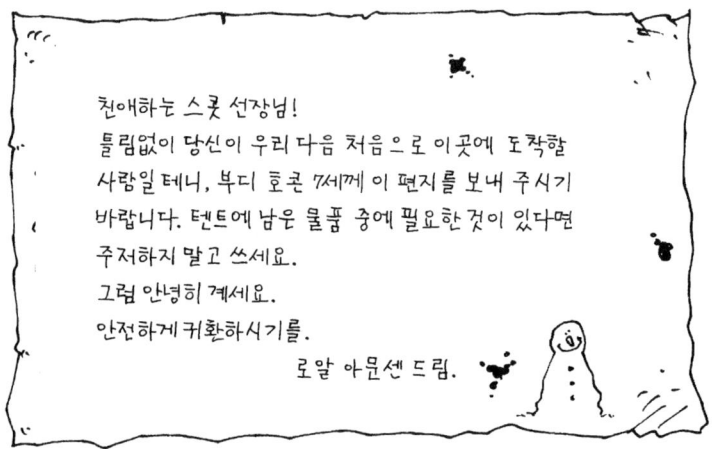

친애하는 스콧 선장님!
틀림없이 당신이 우리 다음 처음으로 이곳에 도착할 사람일 테니, 부디 호콘 7세께 이 편지를 보내 주시기 바랍니다. 텐트에 남은 물품 중에 필요한 것이 있다면 주저하지 말고 쓰세요.
그럼 안녕히 계세요.
안전하게 귀환하시기를.
　　　　　　　　로알 아문센 드림.

6주 뒤, 아문센 일행은 건강한 모습으로 무사히 프람하임에 돌아왔다. 그들은 98일 동안 자그마치 2,500km의 대장정을 마쳤다.

한편, 스콧은 극심한 어려움에 처했다. 아문센이 남극점에서 사진을 찍으며 자랑스럽게 포즈를 취할 때 스콧 일행은 거의 640km 정도 떨어진 곳에서 비어드모어라는 또 다른 위협적인 빙하와 사투를 벌였다. 그리고 마침내 1912년 1월 1일, 그들 역시 남극 고원에 다다랐다. 끝이 보이자 스콧 일행은 나시 기운을 차렸다. 그들은 아문센이 고향으로 돌아가는 중이라는 사실을 전혀 알지 못했다. 남극점에 마지막 발걸음을 내딛기 위해, 스콧은 4명의 충실한 동료를 뽑았다. 에드거 에번스, 로렌스 오츠, 헨리 보워스, 에드워드 윌슨 박사. 나머지 지원 팀은 돌려보냈다. 남극점으로 가는 길은 초인적인 노력을 필요로 했다. 영하 40℃ 아래로 곤두박질치는 추위 속에서 한 걸음 한 걸음 내딛는 것 자체가 큰 고통이었다.

그런데 더 나쁜 소식이 있었다. 1월 16일, 그들은 먼발치에서 검은 깃발을 보았다. 캠프의 표시인 듯했다. 아문센이 그들을 이겼다. 스콧 일행이 가장 두려워하던 사태가 벌어졌다. 스콧은 꺾여 버린 그들의 꿈에 대해 일기에 짤막하게 적었다.

"최악의 일이 발생했다, 거의 최악의 일이. 노르웨이인들이 우리를 앞질러 남극점에 도착했다. 정말 실망스럽다……. 내일 우리는 남극점까지 계속 행군한 뒤 귀향을 서두를 것이다."

몹시 실망한 스콧은 이틀 뒤에 남극점에 도달했다. 그리고 일기에 이렇게 썼다.

"이런, 여기는 형편없는 곳이군."

귀환 여정

굶주림과 동상의 고통으로 기진맥진한 스콧 일행은 자존심이 상할 대로 상한 채 악몽 같은 귀환 길에 올랐다. 흩날리는 눈발이 길을 뒤덮어 자주 길을 잃었다. 체력도 점점 바닥나기 시작했다. 2월 17일에는 에드거 에번스가 크레바스에 떨어져 죽었다. 한 달 뒤, 용감한 오츠는 텐트 밖 눈보라 속으로 걸어갔다.

"나갔다 올게. 금방이면 돼."

오츠의 마지막 모습이었다. 발에 동상이 심했던 오츠는 동료들의 행군 속도를 늦추지 않으려고 홀로 죽음을 맞았다.

3월 19일, 식량과 연료가 거의 바닥을 드러냈다. 세 명의 생존자 스콧, 윌슨, 보워스는 앞이 보이지 않을 정도로 심한 눈보라 때문에 텐트 안에 갇혔다. 18km만 더 가면 목숨을 구할 식량과 연료 보급소가 있었다. 그러나 강풍과 소용돌이치는 눈에 맞서는 건 불가능했다. 그들은 며칠이고 날이 개기를 기다렸지만 이미 운명이 정해졌음을 느꼈다. 스콧 일행은 나날이 허약해져 갔다. 스콧은 마지막으로 기운을 차려 집으로 보내는 편지를 써서 일기장에 끼워 놓았다. 그의 일기는 1912년 3월 29일 목요일로 끝을 맺었다. 그는 이렇게 썼다.

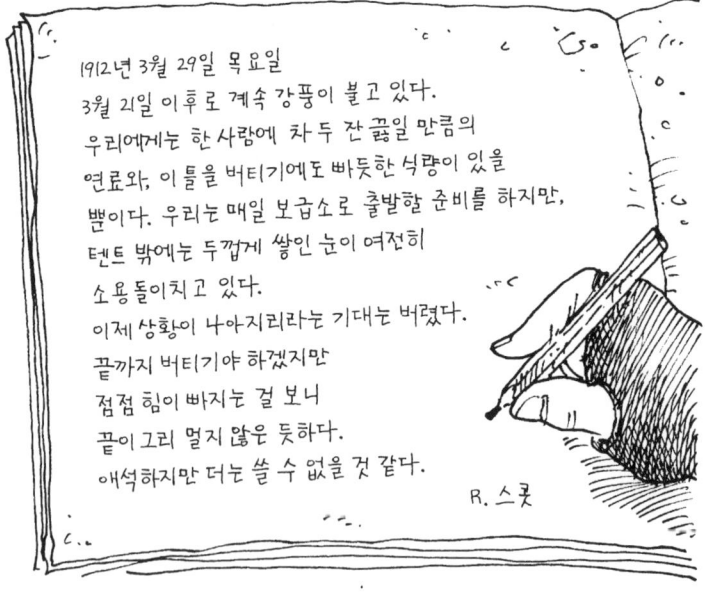

1912년 3월 29일 목요일
3월 21일 이후로 계속 강풍이 불고 있다.
우리에게는 한 사람에 차 두 잔 끓일 만큼의 연료와, 이틀을 버티기에도 빠듯한 식량이 있을 뿐이다. 우리는 매일 보급소로 출발할 준비를 하지만, 텐트 밖에는 두껍게 쌓인 눈이 여전히 소용돌이치고 있다.
이제 상황이 나아지리라는 기대는 버렸다.
끝까지 버티기야 하겠지만
점점 힘이 빠지는 걸 보니
끝이 그리 멀지 않은 듯하다.
애석하지만 더는 쓸 수 없을 것 같다.
R. 스콧

그해 11월, 구조대는 눈으로 뒤덮인 텐트와 세 사람의 시체를 찾았다. 스콧의 일기와 편지가 그의 옆에 놓여 있었다. 구조대는 그곳에 눈으로 무덤을 쌓고 스키로 만든 십자가를 꽂았다.

아문센이 먼저 도착할 수 있었던 결정적 이유 6가지!

1. 아문센은 유리한 지점에서 출발했다. 아문센은 로스 빙붕의 맨 끝 지점에 캠프를 세웠다. 몹시 위험한 짓이었다. 빙하가 갈라지면 캠프가 바다로 떠내려갈 수도 있었으니까. 그러나 위험을 무릅쓸 만한 가치가 있었다. 아문센이 애초에 자리 잡은 캠프는 스콧의 캠프보다 거리상 남극점에 100km쯤 더 가까웠다. 그래서 스콧이 출발할 때 아문센은 이미 훨씬 앞서 있었던 것이다.

2. 아문센은 힘든 일을 모두 에스키모개에게 맡겼다. 에스키모개들은 빠르고 잘 훈련되었으며 튼튼했다. 가장 우수한 개 6마리가 500kg 무게의 썰매를 하루에 100km까지 끌 수 있었다. 그들은 처음엔 개가 끄는 썰매를 타다가 나중에는 스키를 탔다.

반면, 스콧은 개를 써 본 적이 거의 없었다. 등골이 빠지더라도 직접 썰매를 끌어야 더 남자답다고 생각했다. 하지만 썰매를 끌었던 한 사람은 뱃속이 뒤틀리는 고통을 느꼈다고 기록했다. 남극 탐험은 스콧이 시베리아에서 데려온 조랑말들이 감당하기엔 너무 험난했다. 그 불쌍한 조랑말들은 무릎까지 눈에 푹푹 빠졌다. 그리고 털에 맺힌 땀은 순식간에 얼어붙었다. 탐험대는 조랑말들의 고통을 끝내기 위해 결국 총을 쏠 수밖에 없었다. 그러면 스콧 일행이 가져간 모터 달린 썰매 세 대는 어땠을까? 두 대는 망가지고 한 대는 배에서 내리다가 빠뜨려 물속에 가라앉고 말았다.

3. 아문센의 부하들은 신선한 고기를 먹었다. 아문센은 신선한 고기를 먹지 않으면 부하들이 괴혈병(필수 영양소 비타민 C의 결핍으로 생기는 치명적인 질병)에 걸려 죽을 수도 있다고 생각했

다. 그래서 보급품이 바닥나자 개에게 못할 짓을 했다. 그는 남극 고원의 '푸줏간'이라 불리는 곳에서 개의 절반(30마리 이상)을 총으로 쏘아 죽였다. 죽은 개들의 일부는 다른 개의 먹이가 되었고, 나머지는 신선한 개고기 커틀릿으로 사람들의 저녁 식사가 되었다.

반면 결벽증이 있었던 스콧은 개를 먹는 걸 지독하게 잔인한 짓이라고 생각했다. 그는 주로 페미컨(말린 고기와 돼지기름을 섞은 완자)과, 펭귄이나 물개의 살코기를 넣은 오트밀 죽을 먹었다. 썰매 끄는 일은 에너지 소모가 많은데 먹는 것이 부실하니 문제가 생길 수밖에! 아문센의 부하들은 처음부터 잘 먹었지만 스콧의 부하들은 비타민 결핍에 시달리다가 서서히 굶어 죽었다.

4. 아문센은 에스키모들을 연구했다. 아문센은 북극 원주민들이 혹독한 추위를 이기며 살아가는 것을 보고 중요한 교훈을 얻었다. 그는 에스키모들처럼 늑대 가죽으로 옷을 만들어 입었다. 에스키모 옷을 입으면 기온이 영하 40℃ 이하로 떨어져도 따뜻하고 뽀송뽀송해서 끄떡없었다.

한편 스콧은 면과 울로 만든 옷을 더 좋아했다. 그런데 문제는 그 옷이 충분히 따뜻하지도 않고 땀을 흡수하지도 못했다는 점이다. 그래서 스콧의 부하들은 추위에 떨며 흠뻑 젖곤 했다.

5. 아문센은 과학적 성과에 신경 쓰지 않았다. 아문센의 목표는 단순히 남극점에 도달하는 것이었다. 그는 녹초가 될 정도로 힘든 여정에 대비해 최고의 극지 전문가들로 팀을 꾸렸다. 개 훈련 전문가, 숙달된 썰매몰이꾼, 몸 상태가 최상인 스키 챔피언이 팀에 합류했다. 아문센 자신은 의학을 공부했지만 탐험가가 되기 위해 그 직업을 포기했다(노르웨이에서 지내던 어린 시절부터, 그는 남극에 가는 꿈을 키웠다. 탐험을 위해 몸을 단련시키려고 겨울에도 창문을 열어 둔 채 잠을 잤다). 한편 스콧은 과학에 열을 올렸다. 그는 무거운 돌 표본을 썰매에 잔뜩 실었다. 그래서 썰매를 끄는 데 더 많은 힘을 쏟아야 했다(사실 그 돌들은 예전의 남극이 오늘날보다 훨씬 따뜻했음을 밝히는 중요한 단서였다. 하지만 아쉽게도, 가여운 스콧에게 이 놀라운 발견은 죽음을 담보로 한 것이었다).

6. 아문센은 행운아였다. 스콧은 돌아오는 길에 유별나게 추운 날씨에 직면했다. 그는 영하 30℃의 평년 기온이 아니라 영하 40℃를 밑도는 이상 기온과 씨름해야 했다. 반면에 아문센은 안전하게 기지로 돌아왔다.

그때는, 그것이 현실이었다. 극지방은 위험천만한 곳이다. 용감한 스콧 선장이 목숨을 걸고 밝혀냈듯이, 살을 에는 추위에서 살아남기 위해서는 아주 강인해야 한다. 여러분이라면 극지 탐험에 도전해서 끝까지 살아남을 수 있을까? 무엇보다도 극지방에 대해 더 많이 알아야 한다. 훨씬 더 많이…….

냉랭한 극지

눈길 닿는 곳 어디에나 눈과 얼음이 수십 킬로미터씩 펼쳐져 있고, 설상가상으로 돌풍마저 휘몰아치는 얼어붙을 듯 추운 영하의 날씨를 상상해 보라. 지구상에서 제일 크고, 제일 추운 급속 냉동고 안이라고나 할까? 물론 냉동 감자 칩이나 아이스캔디는 없는 냉동고 말이다. 냉랭한 극지에 온 것을 환영한다.

극의 위치

극이란 지축(지구 중앙을 관통하는 상상의 선)의 양 끝, 지구의 맨 끝을 말한다. 북극에서 보면 어디나 다 남쪽이고, 남극에서 보면 어디나 다 북쪽이라는 뜻이다. 헷갈린다고? 기다려 봐. 글로리아가 한눈에 쏙 들어오는 극지방 도표 1번을 가지고 있으니까.

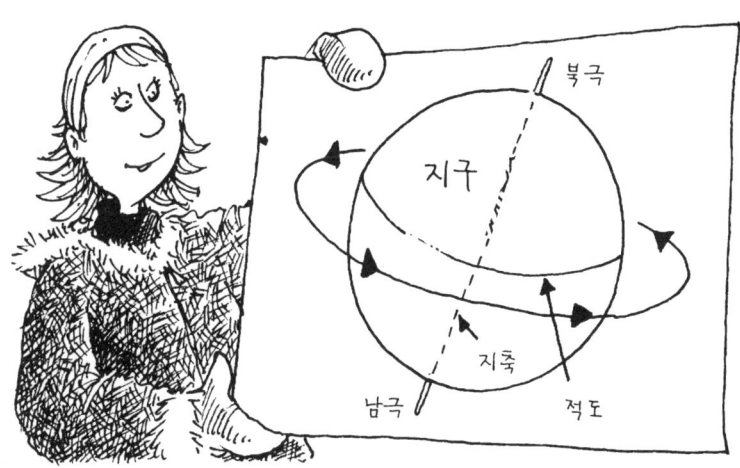

지리학자들은 북극을 둘러싼 지역을 북극 지방(the Arctic)이라 부르고, 남극을 둘러싼 지역을 남극 지방(the Antarctic) 또는 남극 대륙(Antarctica)이라 부른다. 북극 지방과 남극 지방은 지구 표면의 8%에 해당한다. 도표 2번에서 간편하게 극지방을 볼 수 있다.

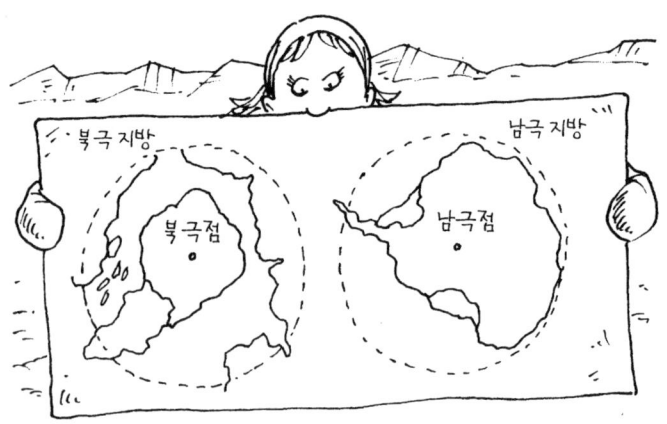

북극(Arctic)이라는 이름을 생각해 낸 건 고대 그리스인들이었다. 북극이 그리스어로 '곰'을 뜻한다는 건 몰랐겠지? 그런데 이 말은 하얀 털투성이 곰이나 얼음 위에서 물개를 사냥하는 곰이 아니라, 북극점 위에서 반짝이는 곰처럼 생긴 별자리를 가리키는 것이었다. 그런가 하면 남극(Antarctic)은 단순히 곰의 반대쪽을 뜻하는 말이다.

사실상 고대 그리스인들은 남극 근처에도 못 가 봤는데 남극이 있다는 것을 어떻게 알았을까? 솔직히 말하면, 그들은 몰랐다. 모두 어림짐작이었는데, 그런 게 고대 그리스인들의 특기였다. 그들은 세상 꼭대기에 있는 땅덩어리와 균형을 맞추려면 밑바닥에도 땅덩어리가 있어야 한다고 생각했다. 그렇지 않으면 지구는 머리만 무거워져 쓰러지고 말 테니까. 놀랍게도 그들의 생각이 옳았다. 지구가 쓰러진다는 생각이 아니라 남극이 실제로 존재한다는 생각 말이다.

양극

여러분은 북극과 남극이 상당히 비슷한 곳이라고 생각할 것이다. 즉 두 곳 다 얼어붙을 듯이 춥고 얼음으로 뒤덮여 있다는 것! 하지만 얼어붙어 있는 표면 아래의 양극은 완전히 다른 세상이다. 그렇다면 어디가 어디인지 도대체 어떻게 구별하냐고? 양극이 헷갈린다고? 여러분이 지금 지구의 어느 끝에 있는지 모르겠다고? 춥기만 한 양극을 구별하기 위해 이 쌀쌀맞은 퀴즈를 풀어 보면 어떨까? 각 질문에 '북극', '남극' 또는 '둘 다'라고 대답하면 된다. 준비됐지?

1. 얼음으로 덮인 대륙이다.
2. 얼어붙은 바다의 한 조각이다.
3. 곰만 있고 펭귄은 없다.
4. 여름에 태양이 밤새 떠 있다.
5. 6월이 한겨울이다.
6. 사람들이 1년 내내 산다.

답:
1. 남극. 빙하 밑에 거대한 대륙이 숨어 있다. 남극 대륙의 면적은 1,400만 km²로, 유럽 대륙의 2배쯤 된다. 5km 두께의 거대한 얼음 1장이 대륙의 99%를 덮고 있다. 그 정도면 장대한 에베레스트 산 중턱까지 닿을 높이다. 남극 대륙은 그렇게 엄청나게 무거운 빙하에 눌려 잠겨 있다. 그뿐만이 아니다. 빙하 밑에는 육중한 산맥과 화산도 있다. 다행히 대부분의 화산이 활동을 멈춘 상태지만, 기괴한 봉우리를 가진 에러보스 산은 언제든 폭발할 가능성이 있다.

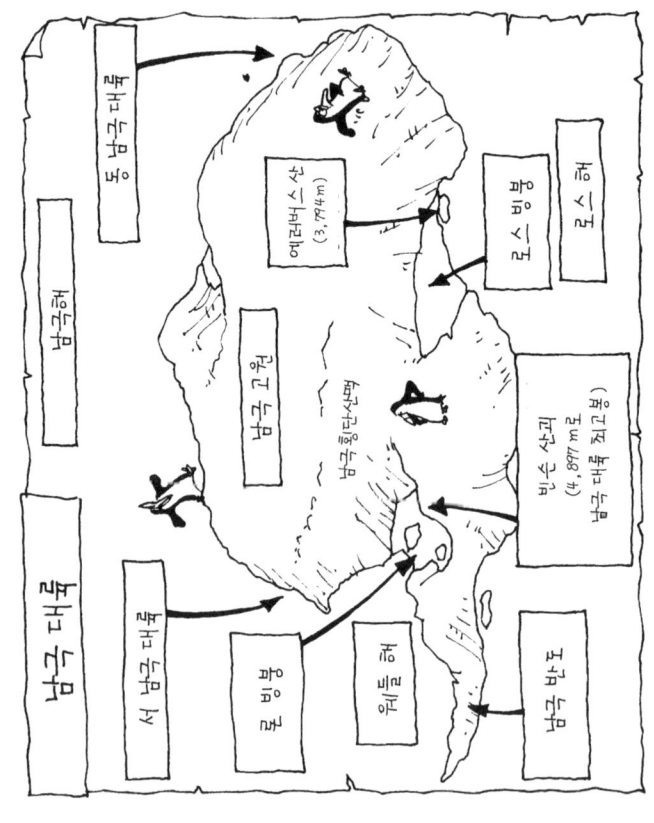

남극 대륙은 남극해가 빙 둘러싸고 있다. 겨울엔 바다의 3분의 1이 얼어붙어서 대륙이 팽창한다.
주의 사항: 다음에 극지 탐험에 나서면, 절대 배 밖으로 떨어지지 말 것. 폭풍이 휘몰아치는 냉랭한 바다에 빠지면 여러분의 뇌가 몇 분 만에 꽁꽁 얼어붙을 수도 있다. 덜덜덜!

2. 북극. 북극에는 얼어붙은 바다만 있을 뿐 대륙은 없다. 세계에서 가장 작고(1,400만km²), 가장 차가운(뇌가 얼지 않게 조심해!) 바다가 북극해다. 북극해는 1년 내내 약 3m 두께의 유빙으로 덮여 있다. 그리고 캐나다 북부와 알래스카, 스칸디나비아, 러시아, 그린란드 등의 육지에 둘러싸여 있다. 지리학자들은 북극해와 육지가 만든 그 지역을 북극 지방이라고 부른다. 그렇게 남극의 땅은 바다에, 북극의 바다는 육지에 둘러싸여 있다. 다 이해했지?

3. 북극. 북극에는 펭귄이 없다. 만일 뒤뚱뒤뚱 걷는 펭귄과 마주쳤다면 여러분은 분명 다른 극지방에 있는 것이다!

4. 둘 다. 그렇게 여름 내내 하루 종일 해가 떠 있다가, 그 다음엔 몇 주 동안 연달아 해가 떠오르지 않아 줄곧 어둡다. 겨울이면 남극은 6개월 내내 깜깜하다. 대체 왜 이런 일이 생길까? 우선, 지구는 지축을 중심으로 24시간마다 자전하면서 태양 주위를 돈다. 그리고 지축은 비스듬히 기울어져 있다. 그래서 지구상의 어떤 곳들이 태양 쪽으로 기울면 다른 곳들은 태양에서 멀어져 낮이 짧아진다. 이것이 밤낮의 길이가 1년 내내 변하는 이유이다.

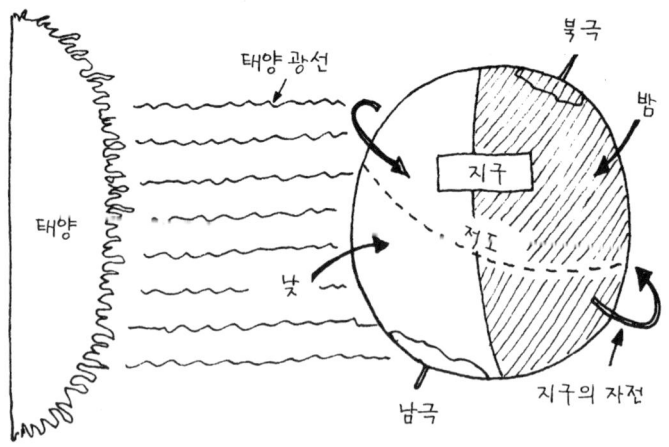

5. 남극. 여러분이 여름휴가를 맞아 해변에서 뛰어놀 때, 남극은 겨울이다. 그리고 알다시피 북쪽이 겨울이면 남쪽은 여

름이다. 북반구가 태양 쪽으로 기울어지는 6월에 여름을 맞을 때, 남반구는 태양 반대쪽으로 기울어지면서 겨울을 맞는다. 물론 12월에는 반대로 된다.

6. 둘 다. 사람들이 북극 지방에 살기 시작한 지는 아주 오래되었다. 북극 지방 원주민, 즉 에스키모는 살아남기의 대가들이다. 그러나 남극의 상황은 딴판이다. 지독하게 강인한 과학자 몇 명만이 그곳에서 1년 내내 산다. 남극은 상상할 수 없을 정도로 춥다. 그들은 고향에서 아주 멀리 떨어져 있고, 제일 가까운 이웃이라야 약 3,000km 떨어진 곳에 사는 남아메리카 사람들이 전부다. 뭐, 그래도 괜찮다. 수백만 마리의 펭귄들이 친구가 되어 줄 테니까.

여러분이 받은 점수는……

자, 어떻게 대답했는가? 각각의 정답에 100점을 주도록!

500-600점 축하한다! 선두에 섰으니. 그렇다고 흥분하지는 마라. 다음번엔 극지방으로 소풍 가자고 선생님을 졸라 댈지도 모르겠군. 그런 생각일랑 절대 하지 마!

300-400점 괜찮군. 문제를 열심히 푼 게 분명하다. 그러나

주의하도록. 그러다 얼음판에서 미끄러져 넘어질 수도 있으니까.
 200점 이하 형편없는걸? 여러분은 진짜 살얼음판을 걷고 있다. 이래 가지고는 절대 지리학 천재가 될 수 없다. 만일 북극과 남극을 구별하지 못한다면 이 간단한 도표가 도움이 될 것이다. 남극을 보려면 책을 거꾸로 들도록. 아니면 물구나무를 서든가······.

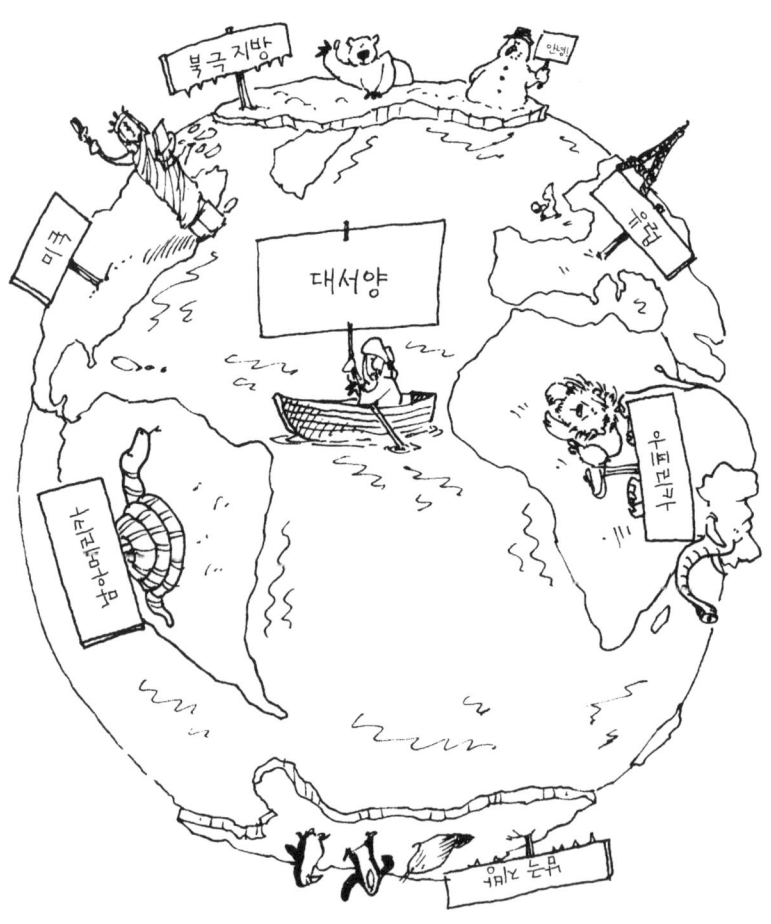

극지의 기상 예보

혼자서 극지를 탐험할 계획이라고? 무작정 모험을 떠나기 전에 글로리아가 전하는 극지 일기예보를 꼭 확인하도록!

오늘은 기온이 영하로 내려가는 아주 추운 날씨가 되겠습니다. 오후에는 눈보라를 동반한 강풍이 예상됩니다. 겨울에는 하루 종일 깜깜할 테니 발밑을 조심하세요. 내일도 비슷한 날씨가 예상되고, 모레도, 글피도 마찬가지입니다. 하지만 여름이 되면 기온이 좀 오를 거예요(그때까지 잘 버티면 적어도 눈앞은 보일 겁니다).

극지의 기상 경보

지금 사는 곳의 겨울이 춥다고? 아닐걸. 아무렴 덜덜덜 떠, 떨리는 극지방의 추위에 비할까? 극지방에서는 사시사철 아주 따뜻하게 입어야 한다. 살아남고 싶다면!

이가 딱딱 부딪치는 추위

극지방은 공식적으로, 지구상에서 제일 추운 곳이다. 남극의 평균 기온은 이가 저절로 딱딱 부딪칠 만큼 추운 영하 49℃다.

가정용 냉동고 안의 온도보다 5배나 더 낮다. 기온이 영하 89 ℃까지 떨어지는 보스토크 호(남극의 지하 호수)에 비하면 꽤 따뜻한 편이긴 하지만. 그야말로 얼어 죽을 정도로 진짜 춥다. 추위가 극성을 부리는 북극에서, 한여름의 0℃는 유난히 따뜻하게 느껴진다(겨울에는 영하 30℃지만).

그렇다면 극지방은 대체 왜 이렇게 뼛속까지 추운 걸까? 미안, 지겨운 과학 시간도 아닌데……. 그것은 지구의 표면이 둥글어서 태양 광선이 비스듬히 넓은 각을 이루며 극지방에 도달하기 때문이다. 그 광선이 광범위한 지역으로 퍼지면서 빛의 세기도 약해진다. 또한 태양 광선이 지구 대기권을 통과해 극지에 도달하려면 더 멀리 가야 한다. 그래서 태양 광선이 땅에 다다르기 전에 열의 일부가 대기에 흡수되거나 흩어진다.

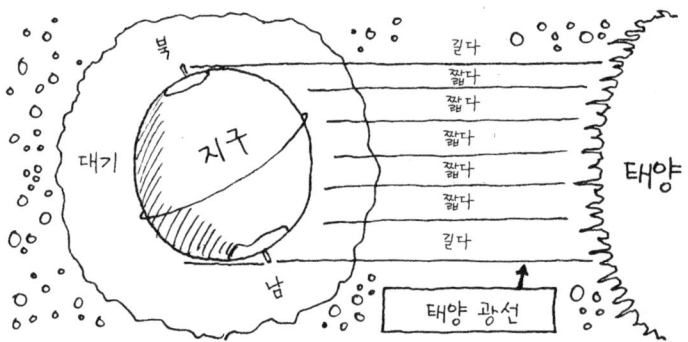

게다가 극지에 도달하는 태양 광선은 대부분 하얀 얼음에 곧장 반사된다. 지리학자들은 이것을 '알베도 효과'라고 부른다. 쉽게 말해서 어두운 색은 열을 흡수하는 반면 하얀 색은 열을 반사한다는 뜻이다. 알베도 효과 때문에 더운 날 하얀 티셔츠를 입으면 까만 티셔츠를 입을 때보다 더 시원하다. 직접 입어서 확인해 보도록.

사나운 바람

극지에서는 바람을 조심할 것. 무려 시속 200km로 부는 극지 바람은 기차처럼 빠르게 윙윙거리며 얼음 비탈을 스쳐 내려가는데, 기절초풍할 정도로 빠르다. 눈보라가 사정없이 휘몰아쳐서 앞이 보이지 않는다. 눈보라란 바람이 불러일으키는 무지막지한 눈 폭풍을 말한다. 여기에 휩쓸렸다간 후회막심일걸. 눈보라가 몰아치면 눈이 입 안으로 마구 쏟아져 들어가 숨을 쉬지 못하고 앞을 볼 수도 없다. 극지 탐험가들은 눈보라 때문에 길을 잃는 경우가 잦았다. 그러다 끝내 구조되지 못한 경우도 더러 있었고.

설상가상으로, 극지 바람은 실제보다 훨씬 더 차갑게 느껴진다. 즉 바람이 세게 불면 불수록 더 춥게 느껴진다는 것이다. 영하 35℃에서 시속 50km로 바람이 불면 체감 온도는 영하 80℃까지 낮아진다. 그러니 옷을 따뜻하게 입지 않으면 순식간에 꽁꽁 얼어붙을 수밖에. 으, 상상만 해도 오싹오싹……

바싹 말라붙은 땅

엄밀히 말하면, 지리학자들은 남극을 사막으로 여긴다. 지리학자들 뇌가 꽁꽁 얼어붙은 거 아니냐고? 아니다. 지리학자들이 말하는 사막  은 여러분이 생각하듯 지글지글 끓는 모래 언덕과, 야자나무와 낙타가 있는, 그런 사막이 아니다. 그래도 어쨌거나 남극도 사막이다. 지리학자들은 비나 눈이 1년에 250mm 이하로 오는 곳을 사막이라고 한다. 남극 대륙의 경우, 1년 강수량이 겨우 50mm다. 얼어붙은 물로 덮여 있지만, 남극 대륙의 어떤 지역은 사하라 사막보다도 더 바싹 말라 있다. 맥머도 만 근처의 어떤 골짜기에는 200만 년 동안 비가 한 방울도 내리지 않았다.

지구가 들썩일 사실

남극은 한때 따뜻한 열대 지방이었다. 믿거나 말거나! 과학자들은 오스트레일리아와 남아메리카, 남극 대륙의 고대 암석에서 똑같은 동식물 화석을 발견했다. 그 화석들을 보면 2억만 년 전엔 그 대륙들이 하나로 붙어 있었다는 사실을 알 수 있다. 남극 대륙에도 한때 울창한 초록 숲이 있었고 그 숲을 공룡들이 돌아다녔다니, 믿을 수 있겠는가? 그런데 약 1억 8,000만 년 전, 대륙이 세 개로 쪼개졌고 그 사이로 바닷물이 스며들었다. 남아메리카와 오스트레일리아는 따뜻한 상태로 남았지만 남극 대륙은 남극으로 흘러가서 점점 더 추워지고 얼어붙게 되었다.

경이로운 오로라

북극의 긴긴 겨울밤에 밖에 나가면 하늘에서 순간 반짝하며 밝게 빛나는 빛을 볼 수 있다. 겁먹지 말기를. 외계 우주선이 선생님을 납치할 사명(여러분이 바라는 대로)을 띠고 온 건 아니니까.

이 장엄한 극지의 조명 쇼를 일명 북극광*이라고 한다. 북극광은 태양에서 흘러나온 전기 입자가 지구 대기권의 가스와 충돌하면서 생긴다. 어, 그 정도는 이미 알고 있다고? 하지만 옛날 사람들은 이 경이로운 오로라가 어떻게 생기는지 알 길이 없었다. 그래서 그들은 무슨 일이 일어나는지 이해하려고 이야기를 만들었다.

1. 캐나다의 에스키모들은 하늘이 지구 위로 펼쳐진 둥근 지붕이라고 생각했다. 그리고 둥근 지붕의 구멍으로 빛이 들어오고 죽은 사람의 영혼이 나간다고 생각했다. 오로라는 그 영혼을 천국으로 이끄는 밝은 횃불이라고 믿었다.

2. 바이킹들은 북극광을 천국 전사들의 입김이라고 생각했다. 그들은 죽은 뒤에도, 하늘에서 영원히 전쟁을 치렀다.

3. 어떤 사람들은 북극광을 두려워했다. 그 빛이 죽음과 질병, 전쟁을 퍼뜨린다고 (잘못) 생각했다. 빛이 난폭하게 굴 때는 쓸데없이 참견하지 않는 게 최선이었다. 즉 손을 흔들거나 휘파람을 불거나 노려보지 말아야 했다. 만일 그렇게 하면 빛이 손을 뻗어 꽉 움켜쥘지도 모르니까.

매머드의 발견

주의 사항: 오로라를 쳐다보느라 정신없더라도 발밑을 조심할 것! 진짜 거대한 깜짝 선물, 매머드에 걸려서 비틀거릴지 모르니까. 선사 시대에 살았던 털투성이 매머드 수백 마리가 바위처럼 단단한 시베리아 땅속(뼛속까지 얼어붙는 추위 탓에 땅이 녹지 않아 영구 동토층으로 알려져 있다)에서 냉동된 채 발견되었다. 매머드는 마지막 빙하 시대가 시작되기 전부터 지금까지 수천 년 동안 그곳에 묻혀 있었다. 보존 상태가 양호한 일부 매머드는 아직까지 텁수룩한 붉은 털이 남아 있고, 심지어 요리도 해 먹을 수 있는 상태다. 19세기에 러시아의 연회에서는 해동시킨 매머드 고기가 그날의 주 요리였다고 한다. 입 안 가득 곰팡내가 풍기면 어쩌려고?

그런데 아주 하찮은 문제가 하나 있다. 이 괴물 고기를 먹으려면, 먼저 그것을 녹여야 한다. 해동법은 다음과 같다.

매머드 해동법
필요한 것:
- 약 2만 년 된 냉동 매머드
- 삽, 곡괭이, 드릴, 송곳, 착암기 같은 도구
- 헬리콥터
- 헤어드라이어(많을수록 좋다)
- 커다란 오븐과 급속 냉동고
- 방독면

할 일:

1. 먼저 매머드를 찾는다. 옷은 반드시 따뜻하게 입도록 하자. 눈 덮인 시베리아는 매머드를 찾기에 제일 좋은 곳이다.

2. 매머드를 파낸다. 말처럼 쉽지는 않다. 땅이 얼어서 콘크리트만큼 단단하기 때문에 삽으로는 불가능하다. 구멍 뚫는 기계인 착암기로 파낼 수 있다.

3. 땅에서 매머드를 들어 올린다. 그러려면 헬리콥터가 필요하다. 밧줄로 단단히 묶었는지 확인한다. 이 희한한 직육면체 얼음의 무게는 20t(톤)이다.

4. 매머드를 보관하려면 집채만 한 냉동고나 얼음 동굴같이 차가운 곳이 필요하다. 그래야 얼음을 조금씩 잘라 낼 때 매머드가 녹거나 곰팡내가 나지 않는다.

5. 헤어드라이어로 매머드를 녹인다. 그러나 주의할 것! 이 따분한 작업은 몇 달 내지 몇 년은 걸린다(괜찮아. 대신 그 끔찍한 지리 수업을 몽땅 빼먹을 텐데 뭐. 그리고 매머드가 녹을 때를 대비해서 방독면이 필요할 거야. 악취가 대단할 테니까).

6. 매머드를 대형 오븐에 넣고 구워서(요리 시간: 1주일), 통구이 매머드로 특별한 저녁 식사를 한다. 고기에 야채, 육수 소스를 함께 내고 상아를 얹어 장식한다. 간단하다!

매머드를 찾아 해동시키느라 지친 몸을 쉬러 내빼기 전에, 잠깐 퀴즈가 하나 있다.

차갑고 흰색이며 미끌미끌한 것은 무엇일까?

아니, 학교 급식에 나오는 메스꺼운 푸딩은 아니다. 모르겠다고? 이런, 이게 없다면 글로리아 같은 지리학자는 다른 직업을 찾아야 할 텐데. 무엇일까? 그래! 얼음이다.

빙산의 일각

어떤 사람들은 얼음에 별 관심이 없다. 매머드를 냉동시키고 음료수를 시원하게 해 주는 것 말고 달리 쓸모가 있을까? 물론이다. 초콜릿으로 만든 찻주전자만큼이나 쓸모가 많다. 맛은 좀 별로지만. 찾으려고만 들면, 눈에 보이는 것보다 훨씬 많은 곳에 얼음이 쓰인다는 것을 알 수 있다.

빙하학자가 될 수 있을까?

글로리아 같은 지리학자들은 한평생을 얼음 연구에 바친다. 뭐라고? 차라리 매머드 녹이는 걸 지켜보겠다고? 여러분도 근사한 빙하학자가 될 수 있을까? 얼음이 다 똑같아 보인다면, 글로리아가 쓴 안내서 〈어떤 얼음?〉을 참고하여 다른 얼음 유형들과 본격적으로 씨름해 보자.

어떤 얼음?

빙상(대빙원)
설명: 남극과 그린란드를 뒤덮은 어마어마하게 큰 한 장의 얼음.

형성 방법: 눈송이가 땅 위에 떨어져 쌓이고 그 위에 더 많은 눈이 쌓이면서 짓눌린다. 쌓인 눈에서 서서히 공기

가 빠져 나가며 얼음으로 변한다. 이 과정은 수천 년이 걸린다. 시간이 좀 있다고? 직접 빙상을 만들어 보면 어떨까? 간단하다. 네모난 조각 얼음만 조금(뭐 대충 수십억 개 정도?) 만들면 준비 끝! 정말 엄청나게 많은 얼음이 얼고 또 얼어서 남극의 빙상이 만들어진 것이다. 음, 빙상을 보관하려면 오스트레일리아 대륙 2배 크기의 냉동고가 필요할걸?

빙하

설명: 거대한 얼음 덩어리가 중력에 의해 강처럼 흐르는 것.
형성 방법: 빙상의 중앙에서 흘러나오는 얼음에서 생긴다. 빙상은 굉장히 단단해 보인다. 그런데 묘하게도 빙상의 얼음은 마치 생일 케이크에 입힌 설탕처럼 흘러내린다. 빙상의 한가운데서 미끄러지듯 움직여 서서히 바다 쪽으로 이동한다. 남극 대륙의 램버트 빙하는 길이가 무려 515km이며 넓이도 40km가 넘는다. 생일 케이크치고는 엄청나게 큰 것이다. 다행스럽게도 이 거대한 빙하는 하루에 약 2.5cm씩 느릿느릿 움직인다.

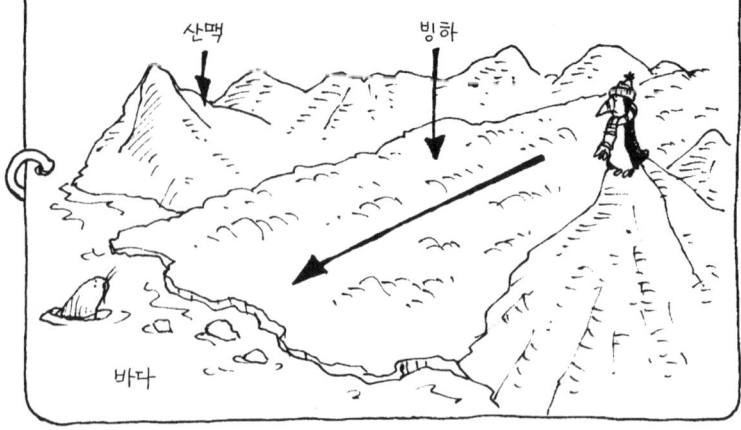

빙붕

설명: 육지에 붙어 있는 거대한 얼음 더미로, 바다에 떠 있다.

형성 방법: 바다로 흘러 나가는 빙상이나 빙하에서 형성된다. 빙붕은 빙상에 붙어 있고, 그 끝부분이 부러져서 떠다니는 것은 빙산이다. 엄청나게 큰 빙붕도 있다. 남극 대륙의 로스 빙붕은 프랑스 면적에 맞먹는다.

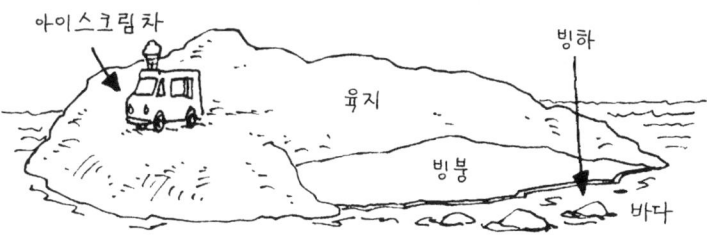

해빙

설명: 바다 위의 얇은 얼음 층

형성 방법: 바닷물이 얼어서 생긴다. 겨울에 북극해와 남극해의 일부는 단단하게 얼어붙는다. 겨울 바다의 얼음은 남극 대륙 크기의 거의 2배에 이른다. 그러나 두께가 겨우 몇 미터라서 여름이 되면 대부분 녹아 없어진다. 해빙의 부서진 조각들이 바람과 해류에 떠다니다 모여서 총빙을 이룬다. 연안에 붙어 있는 해빙은 정착빙이라고 한다. 해빙은 바다를 항해하는 선박에 굉장히 위험하다.

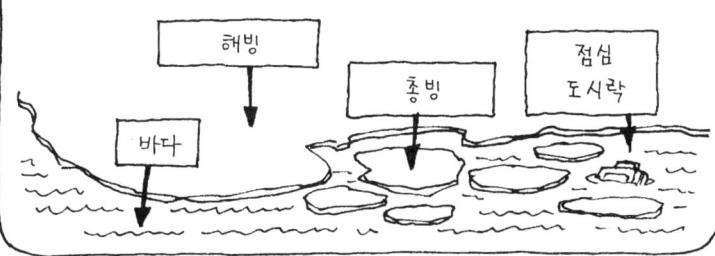

그러나 이 네 종류의 얼음들은 그저 빙산의 일각일 뿐이다. 글로리아의 삼촌인 지노의 극지 아이스크림 가게에 가서 나머지 얼음들을 확인해 보자. 자, 어서! 입맛을 사로잡을 얼음이 6종류나 있으니 골라 봐. 입 안에서 살살 녹을걸?

빙산에 관한 냉랭한 사실 8가지

1. 빙산은 빙하와 빙붕에서 떨어져 나온 거대한 얼음 덩어리다. 한두 개가 아니라 해마다 수천 개의 빙산이 떨어져 나온다. 기이하게도 지리학자들은 빙산이 떨어져 나오는 것을 캘빙(calving)이라고 부른다. 그렇다면 새로 생긴 빙산은 송아지(calf)라 부르냐고? 어떤 이유에서인지 모르지만, 그렇지는 않다. 그들은 새로 생긴 빙산을 그라울러(growler)라고 부른다. 아, 괜찮다. 그 작은 빙산 조각들이 으르렁거리는 소리를 내긴 하지만 실은 그리 무섭지 않으니까(빙하학자들이 말하는 것과는 달리 본성은 나쁘지 않아).

2. 아주 작은 빙산인 그라울러는 크기가 그랜드 피아노만 하다. 그보다 조금 큰 빙산은 버기 빗이라고 부른다. 버기 빗은 단층집만 한 빙산이지만 그조차도 빙산치고는 얼마 안 되는 크기다. 진짜 거대한 빙산도 있다. 남극 대륙의 어떤 빙산은 얼음 섬이라고 부를 만큼 어마어마하다. 길이 150km에 높이 150m이다. 탐험가 리처드 E. 버드 제독은 빙산을 처음 보았을 때 한없이 두려움에 떨었다.

3. 빙산의 형태와 크기에 따라 종류도 가지각색이다. 빙산의 주요 종류를 보여 주는 즉석 안내서가 있다. 유난히 눈에 띄는 것이 있지?

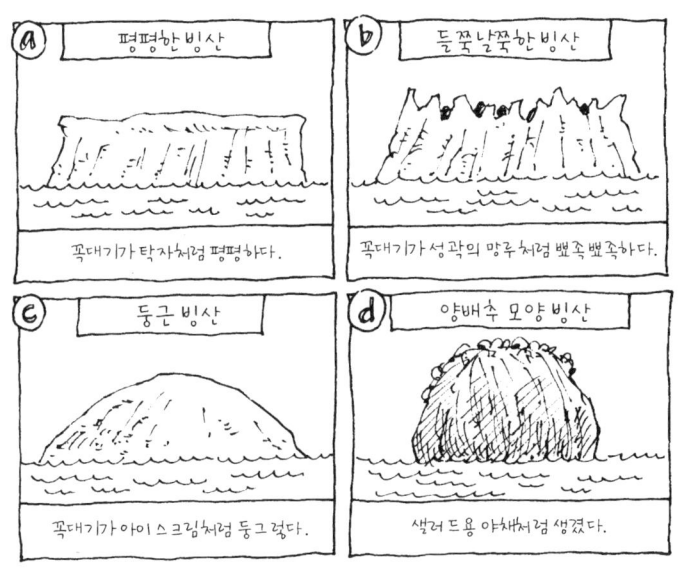

4. 기상 관측선 USS 글래셔의 선원이 남극 대륙 연안에서 엄청나게 큰 빙산을 목격했다. 1956년, 그들은 벨기에만 한 크기의 특대형 빙산이 옆으로 지나가자 경악했다. 그 큰 아이스캔디를 상상해 보라! 다행히 그들은 살아남았다.

5. 무엇보다도 절대 가라앉지 않는 배라고 자랑하던 초호화 유람선 타이태닉호의 승객과 승무원들에 대해 얘기하지 않을 수 없다. 1912년 4월, 타이태닉호는 2,000명이 넘는 승객을 태우고 북대서양을 가로질러 사우샘프턴에서 뉴욕으로 첫 항해를 하던 중이었다. 늦은 밤, 바다는 얼어붙어 있었다. 망보는 사람이 바로 코앞에서 빙산을 발견했을 때는 이미 빠져나오기엔 너무 늦었다. 날카로운 빙산이 배의 옆면에 무지막

지한 구멍을 뚫자 물이 쏟아져 들어왔다. 몇 시간 뒤, 타이태닉호는 1,490명의 생명과 함께 가라앉았다.

6. 문제는, 빙하의 10분의 7이 물속에 잠겨 있어서 그것이 빙산인지 아닌지 알아차리기가 몹시 까다롭다는 것이다. 눈에 보이는 건 보통 빙산의 꼭대기다. 그래서 빙산이 있는지 알아차리기도 전에 빙산이 배를 순식간에 산산조각 낸다. 오늘날에는 국제 유빙 감시대의 비행기가 북극해를 탐지해서 위험한 빙산의 위치를 배에 알려 준다. 과학자들도 전파 탐지기와 위성으로 빙산을 추적한다. 어떤 빙산에는 그 위치를 정확히 알려 주는 무선 송신기를 달기도 한다.

7. 빙산을 감시하는 일이 아주 간단한 것처럼 보일 수 있다. 하지만 빙산은 그 자리에 오랫동안 머물지 않는다. 더구나 커다란 빙산들은 바람과 해류에 의해 수천 킬로미터를 떠내려 간다. 그래서 줄곧 과학자들을 허탕 치게 했다. 북극 지방의 빙산이 버뮤다만큼이나 먼, 따뜻한 남쪽에서 발견된 적도 있었다. 대부분의 빙산은 쪼개져 떨어져 나간 뒤 녹는 데 약 2년이 걸린다. 그렇지만 어떤 빙산은 20년 동안 단단하게 언 채로 남아 있기도 한다.

8. 빙산은 인간에게 아주 유용하다. 중간 크기의 빙산을 녹인 다면, 대도시에서 몇 주 동안 쓸 물을 얻을 수 있다. 비가 거의 내리지 않는 오스트레일리아나 중동 같은 건조한 지역에는 희소식이 아닐 수 없다. 그런데 아주 자그마한 걸림돌이 하나 있다. 도대체 무슨 수로 빙산을 온전하게 끌고 오지? 과학자들은 어마어마한 대규모 예인기를 만들어 끌고 올 수 있다고 생각한다. 끌어내는 데 1년은 족히 걸리겠지? 진심으로 하는 얘기인지 모르겠다. 정신 나간 그 계획이 진짜 실행될지도 의문이고. 실행에 옮기기에는 비용이 너무 많이 드니 두고 봐야 할 것이다. 그 계획은 당분간 보류다.

지구가 들썩일 사실

일본과 캐나다령 북극에는 음료수 냉각용 빙하 덩어리를 판매하는 회사들이 있다. 얼음이 녹으면서 수천 년 동안 얼음 안에 갇혀 있던 공기 방울이 나온다. 정말 멋지지 않은가?

선생님 골려 주기

다음번에 선생님이 이상한 질문을 하면, 이렇게 다시 물어볼 것! 시침 뚝 떼고 씩 웃으면서 말이다.

선생님은 너무 황당해서 여러분한테 한 질문을 아예 잊어버

릴 거다. 도대체 무슨 말이기에?

답: 놀랍게도, 얼음도 시간을 말할 수 있다! 얼음 연구를 위해, 빙하학자들은 구멍을 깊숙이 파고 아이스캔디처럼 기다란 얼음 막대를 꺼낸다. 그 막대가 얼음심(ice core)이다. 학자들은 얼음심의 층을 헤아려서 그 얼음의 나이를 알아낸다. 과학자들은 최근 남극에서 길이가 3km에 달하는 얼음심을 파냈다. 그 고대의 얼음은 나이가 무려 25만 살이라고 한다. 와우, 이런!

아니, 아니야. 수녀님(nun)하고는 아무 상관 없어. 누나탁(nunatak)은 대빙원 위로 튀어 나온 극지의 봉우리나 섬을 말해. 에스키모 말로 '붙어 있는 땅'이란 뜻이지.
*nun attack(수녀 공격)은 빨리 말하면 nunatak으로 들리는 것을 이용한 말장난 — 옮긴이

용감무쌍한 영국의 탐험가, 어니스트 섀클턴 경(Sir Ernest Shackleton, 1874~1922)은 누나탁 따위는 별로 겁나지 않았다. 그런데 또다시 빙하와 맞닥뜨려서, 목적지를 하루 거리에 두고 오도 가도 못한 채 발이 묶일 줄이야! 이제 추위가 좀 가셨다면 이 기막힌 경험담을 들어 보자.

남극 대륙에서 빙하에 갇히다, 1914~1917

청년 시절, 섀클턴은 세상 구석구석을 경험하고 싶었다. 그는 타고난 모험가였다. 열여섯 살이 되자 학교를 떠나 바다로 도망쳤고, 나중에 해양 대학에 진학해서 선장이 되었다. 그는 두 번이나 남극점에 거의 도착할 뻔했지만(한 번은 스콧 선장과 함께) 가혹한 날씨 때문에 물러서야 했다. 이제 그는 얼음으로 뒤덮인 남극 대륙을 횡단한 첫 번째 인물이 되고 싶었다. 그러려면 무엇보다 먼저 선원이 필요했다. 이야기는 그가 신문에 광고를 낸 것에서부터 시작된다.

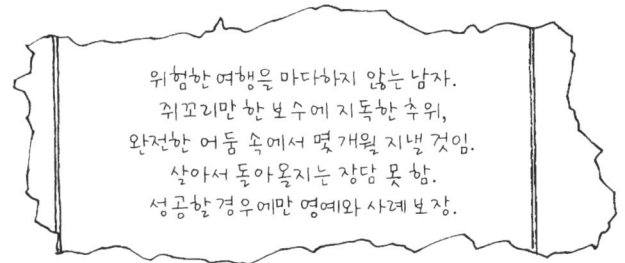

위험한 여행을 마다하지 않는 남자. 쥐꼬리만 한 보수에 지독한 추위, 완전한 어둠 속에서 몇 개월 지낼 것임. 살아서 돌아올지는 장담 못 함. 성공할 경우에만 명예와 사례 보장.

여러분 같으면 지원했을까? 턱도 없다고? 어니스트에겐 다행스럽게도 지원서가 넘쳤다. 그는 희망에 부푼 5,000명의 지원자 중 가장 용감한 사람들을 뽑았다. 1914년 8월 1일, 그와

28명의 대원들은 견고한 인듀어런스 호를 타고 영국에서 출발했다. 지구상에서 가장 척박한 땅을 가로지르는 무모한 여정이 그들 앞에 놓여 있었다. 어느 누구도 시도해 보지 않은 여행이었다. 본격적인 항해에 앞서 마지막으로 들른 사우스조지아 섬에서 발을 떼는 순간, 남극 대륙의 여정이 시작되었다. 그들은 미지의 남쪽 세계로 향했다.

12월, 인듀어런스 호는 얼음이 떼로 몰려드는 위험한 웨들 해를 향해 나아갔다. 위험천만한 총빙을 헤치고 나아가는 것은 정말 장난이 아니었다. 몇 주일 동안, 그들은 끝도 없이 떠다니는 부빙을 피해 탁 트인 수로를 찾아다녔다. 그러나 그 노력은 수포로 돌아갔다. 1915년 1월 19일, 재난이 시작되었다. 인듀어런스 호는 총빙에 갇혀 꼼짝할 수 없었다. 딱 하루만 더 가면 목적지인 바젤 만에 도착할 수 있는 지점에서. 누군가 썼듯이, 배는 '끈적끈적한 사탕 안의 아몬드처럼' 순식간에 꽁꽁 얼어붙었다.

인듀어런스 호는 총빙에 끌려 다니면서 육지에서 점점 멀어졌고, 섀클턴의 꿈은 산산조각 나 버렸다. 여름이 끝나가고 있었다. 남극 대륙에 도착한다 해도 지금 대륙을 횡단하는 것은 불가능했다. 그들은 빙하 위에서 겨울을 날 수밖에 없었다.

그나마 배 안에서 생활하는 건 안전했다. 하지만 언제까지 버틸 수 있을까? 아무도 알 수 없었다. 예상되는 일은 두 가지 중 하나였다. 봄이 되어 얼음이 녹아서 배가 자유로워지거나, 부빙(둥둥 떠다니는 해빙 덩어리)이 배를 계란 껍데기처럼 산산조각 내거나.

10월에, 불길한 징조가 엿보였다. 우르릉 쾅 천둥 치는 소리와 함께 배를 둘러싼 부빙들이 조여들었다. 선원들이 무슨 일인가 생각할 겨를도 없이 인듀어런스 호가 부서지기 시작했다. 배의 목재가 부빙의 압력을 받아 삐걱거리며 갈라지고 그 틈으로 자꾸 물이 스며들었다. 배가 한쪽으로 기울자 섀클턴은 배를 포기하라는 명령을 내렸다. 선원들은 구명 보트 세 척과 배에서 꺼내 올 수 있는 모든 것을 가져와 빙하 위에 캠프를 세웠다. 유일한 희망은 빙하가 그들을 육지 근처까지 데려다 주는 것이었다. 무선 교신도 취할 수 없어서 자신들이 대체 어디에 있는지 아무도 몰랐다.

몇 주 뒤인 11월 21일, 섀클턴과 부하들은 인듀어런스 호가 빙하 밑으로 침몰하는 것을 비탄에 잠긴 채 지켜보았다.

바다의 악몽

몇 달 동안 그들은 빙하 위에 떠 있었다. 그런데 4월이 되면 발밑의 빙하가 갈라질 게 분명했다. 빙하는 언제라도 무너질 수 있었고 그들의 캠프도 더 이상 안전하지 않았다. 섀클턴은 구명 보트를 출발시키라고 명령했다. 아무리 위험해도 육지를 향해 가기로 했다. 역시나 무모한 여정이었다. 그들은 배를 파괴할 수도 있는 빙산과 사나운 바람에 용감하게 맞섰다. 선원들은 번갈아 노를 저었다. 그러나 손이 차갑게 얼어붙어서 오래 저을 수는 없었다. 밤이면 총빙 위에 천막을 쳤는데 그마저 너무 위험한 일이 되어 버렸다. 어느 날 밤, 천막을 친 빙하에 별안간 커다란 틈이 생겨서 침낭에 누워 있던 한 명이 바다에 빠졌다. 섀클턴이 겨우 그를 끌어냈다. 그 후 일행은 구명 보트에서 잠을 잤다. 결국 6일간의 아슬아슬한 여행 끝에, 그들은 남극 반도 북쪽의 코끼리섬이라 불리는 돌섬에 도착해 돌과 얼음으로 뒤덮인 바닷가를 휘청거리며 걸었다. 497일 만에 처음으로 단단한 땅에 발을 디딘 것이었다.

하지만 그 고립된 섬에서 구조될 희망은 전혀 없었다. 그 누구도 이런 지독한 곳까지 와 본 적은 없었다. 게다가 또다시 참혹한 겨울이 슬금슬금 다가오고 있었다. 섀클턴에게 남은 방법은 하나뿐이었다. 도움을 청하러 가는 것!

섀클턴은 부하 5명과 함께 구명 보트를 타고 출발했다. 끔찍하게 위험한 일이었다. 그는 약 1,200km 떨어진, 세상에서 폭풍이 제일 거센 바다를 가로질러 사우스조지아 섬의 고래잡이 기지로 돌아가기로 했다. 거대한 파도와 맹렬한 바람 때문에 구명 보트가 널뛰듯이 흔들렸다. 몇 날 며칠 그들은 구명 보트가 뒤집히지 않도록 사투를 벌였다. 상상도 못 할 만큼 추운 데다 파도의 물보라가 배에 얼어붙어 두꺼운 얼음으로 굳어 버렸다. 배가 끊임없이 상하좌우로 요동치는 가운데 일행은 목숨을 걸고 그 얼음덩이를 잘라내야 했다. 그렇게 하지 않으면 배가 가라앉을 테니까.

악천후를 피할 유일한 은신처는 뱃머리 위로 늘어뜨린 캔버스 덮개뿐이었다. 그러나 캔버스 안쪽도 지옥이나 다를 바 없었다. 한 번에 세 사람밖에 들어갈 수 없었다. 게다가 축축하고 비좁고 살을 에는 듯이 추웠다.

모두 동상에 걸리고 흠뻑 젖어 녹초가 된 데다, 물도 고작 이틀 치밖에 남지 않았다. 오래 버티기 힘든 상황이었다. 바다에서 필사적으로 버틴 지 17일이 지났을 무렵, 둥둥 떠 있는 해초 한 줄기를 발견했다. 육지가 가까이 있다는 확실한 표시였다!

그러나 아직 안전하지 않았다. 사우스조지아 섬을 눈앞에 두고 갑자기 날씨가 변덕을 부렸다. 태풍처럼 거센 바람이 산산이 부술 기세로 배를 가파른 절벽으로 몰았다. 그들은 초인적인 노력을 기울인 끝에 어쨌든 작은 만으로 배의 방향을 돌릴 수 있었다.

마지막 구간

생각지 못한 작은 문제가 하나 있었다. 고래잡이 기지는 섬의 반대편에 있었다. 그런데 너무 위험해서 배로는 갈 수 없었다. 해결책은 단 하나. 걸어서 가야 했다. 여행의 막바지에 이르러 이미 초주검이 된 그들에게는 극복하기 힘든 장벽이었다. 고래잡이 기지는 직선거리로 35km에 불과했다. 하지만 이제까지 어느 누구도 사우스조지아 섬을 횡단한 적이 없었다. 더구나 변변한 지도도 없었다. 기지로 가는 길목에는 빙하로 뒤덮인 봉우리 곳곳에 죽음의 크레바스가 입을 벌리고 있었다.

그래도 그들은 위험을 무릅쓸 수밖에 없었다. 5월 19일, 섀클턴은 로프와 얼음 깨는 도끼를 챙기고 3일 치 식량을 양말에 쑤셔 넣은 뒤 두 명의 부하와 함께 길을 나섰다. 그들은 미끄러지지 않으려고, 배에서 빼낸 못을 장화 바닥에 박았다. 그리고 감히 멈춰 쉴 생각도 못 한 채 내리 36시간을 피곤에 절어 터벅터벅 걸었다. 한 발만 잘못 디뎌도 빙해에 떨어져 죽을 수 있었다.

5월 20일 오후, 일행은 마침내

고래잡이 기지로 비틀거리며 걸어 들어갔다. 섀클턴은 지저분하고 흐트러진 그의 모습에 기겁한 관리인한테 다가갔다.

"나는 섀클턴 선장이오."

그들은 제때에 안전하게 도착했다. 그날 밤 불어 닥친 매서운 눈보라를 길 위에서 만났다면 모두 죽음을 피할 수 없었을 것이다. 그 해 후반, 섀클턴은 코끼리섬으로 돌아가서 궁지에 빠진 부하들을 구해 냈다. 놀라운 사실은, 믿기지 않을 만큼 가혹한 시련에도 불구하고 한 사람도 생명을 잃지 않았다는 것이다.

선생님 시험하기

어니스트 섀클턴이 탐험가가 아니라 다른 직업을 택했다면 훌륭한 선생님이 되었을 것이다. 그는 지적이고 용감하고 쾌활했으며 타고난 지도자였다. 굉장한 영웅이었고! 또한 그는 아주 유명한 탐험가이기도 했다. 여러분의 지리 선생님도 그에 관해 모든 것을 알 정도니까. 사실 선생님의 전공 과목이 지리학이니 잘 아는 건 당연하지. 여기서 잠깐 퀴즈를 풀어 보자.

1. 섀클턴의 배는 인듀어런스 호라고 불렸다. 그 이유는?

a) 오래된 가훈이었다.

b) 시리얼 상자의 뒷면에서 따 왔다.

c) 유명한 해전의 이름이었다.

2. 남극으로 가는 길에 배에서 기르던 고양이 치피가 배 밖으로 떨어졌다. 섀클턴은 어떻게 했을까?

a) 죽게 내버려 두었다.

b) 배를 돌려 고양이를 구하러 갔다.

c) 배에 있던 쥐 몇 마리를 먹이로 던져 주었다.

3. 섀클턴의 별명은 무엇이었을까?

a) 오만불손한 녀석   b) 심술 난 속바지   c) 두목

4. 섀클턴의 부모는 그가 어떤 사람이 되기를 바랐을까?

a) 의사   b) 탐험가   c) 수의사

5. 섀클턴은 다음 중 어떤 책을 썼을까?

a) 혹독한 극지

b) 남쪽

c) 남극의 심장

답: 1. a) 세월을 견디어 오래된 가족을 'Fortitudine vincimus'라고 쓴다. 스티어는 정확했다. 그는 뜻, 또 그 뜻과 비슷하게, 인내심으로 정복했다.
2. b) 고양이 지배 이전의 세월들의 개이어리에 따르자면, 690마리의 개들을 개최어 왔다.
3. c) 세월들의 타고난 지도자였고 친밀함이 했다. 그로 자신이 잘 지 잃은 닭을 하울에도 사기지 않았다. 그래서 하울들은 근 타협점이 그를 따랐다.
4. a) 세월들의 아버지는 이상국으로, 이름이 자신의 신을 인 그를 바꿨다.
5. b) 닭이 c) 《닭는이 사장》은 날는은 올한 세월들의 첫 번째 지드를 그렸다. 그는 암시 닭자기를 160km 앞서고 동안하여 했다. 《닭높》은 1914~1917년의 동남를 다른 해이 다. 눈, 서, 얼음, 배게 나타드를 싸리가 진했다.

한 가지는 확실하다. 무시무시한 빙하와 맞붙어 싸우는 것은 위험한 일이다. 배가 부서져 산산조각 나지 않더라도, 얼음물에 풍덩 빠질 수 있으니까. 그러니 여러분은 얼마나 운이 좋은가. 언제든 집을 나설 수 있고, 꽁꽁 언 발을 녹이며 따뜻하고 맛있는 음료를 마실 수 있으니. 그러나 앞으로 만나게 될 강인한 생명체들은 완전히 찬밥 신세다.

극지의 생활

스스로를 대단하게 여기는 사람들이 있다. 겨울이라 다들 이집트 미라처럼 돌돌 감고 다니는데 고작 조끼만 걸친 채 더워 죽겠다고 너스레를 떠는 사람들 말이다.

하지만 그들이 겉보기만큼 그렇게 강인할까? 영하 20℃의 추, 추, 추운 기온이라면? 게다가 한 치 앞도 분간할 수 없는 칠흑 같은 어둠에, 등골이 오싹해질 만큼 쌀쌀한 바람까지 분다면? 솔직히 극지 기후가 그 정도는 돼야지. 그럼 그런 극지에서 얼어 죽지 않고 살아남는 게 있을까?

놀랍게도, 수백 종의 강인한 식물과 동물들에겐 혹독한 극지가 편안한 집이라고 한다. 그들은 어떻게 그곳에서 살아남았을까? 세계 최초의 극지 애완동물 가게에 들러 보자.

오싹오싹 건강 경고

극지의 애완동물은 아주 위험할 수 있다. 배고플 때는 특히. 따라서 슬리퍼 등을 가져오라고 시키거나 TV 리모컨 대신 쓰려고 훈련시킬 생각이라면 당장 그만두도록! 어쨌거나 극지 출신의 새 애완동물에게는 쾌적하고 추운 곳이 필요하다. 오히려 바깥이 제격이지. 집 안에 끼고 있으려면 중앙 난방 장치를 끌 것. 더우면 그 동물은 죽는다.

극지 애완동물 가게

여러분은 외로운 지리학자인가? 극지의 혹독한 추위 속에서

밤에 끌어안고 잘 조그만 친구를 찾고 있나?
더 이상 볼 것도 없다! 극지 애완동물 가게로 오라. 여기에는 솜털 보송보송한 토끼나 멍청한 금붕어는 없다. 장담한다.

남극 빙어는 아빠들이 겨울에 자동차에 넣는 것 같은 부동액이 혈관에 들어 있어서 얼어 죽지 않아. 멋지지? 깜빡해서 물고기 먹이를 주지 않았더라도 걱정 마. 얘들은 굶기를 밥 먹듯 하니까. 얼음으로 뒤덮인 바다에서 먹을 것을 찾기란 쉽지 않거든. 그러니 이 느긋한 녀석이 기회만 있으면 뭐든 먹어 치우는 건 당연한 일이 거야.

① 마음을 끄는 남극빙어
설명: 이, 주둥이, 눈 모두 큼지막한 반투명 물고기. 물고기 유령 같다.
크기: 이 녀석에게는 굉장히 큰 수조가 필요하다. 60cm까지 자라니까.
서식지: 남극해

북극여우는 계절에 따라 털 색깔이 적절히 바뀌지.
여름이면 툰드라*의 암석과 어우러지는 가는 회갈색털이 자라.
먹잇감에게 들키지 않고 몰래 다가가기에 제격이지.
겨울에는 두꺼운 흰색 털로 바뀌어서 빙하와 구별하기 어렵고
따뜻하기도 해. 이 교활한 녀석은 레밍(나그네쥐)이라는 작은 털투성이
동물을 여름 간식으로 즐겨 먹어.
겨울엔 북극곰을 따라다니다가 곰이 남긴 먹이를 훔쳐 먹지.

② 멋진 북극여우

설명: 음, 사실 여우랑 똑같아(그럼 뭘 기대했어?).
서식지: 북극의 유빙과 툰드라

*툰드라는 북극 주변에 광활하게 펼쳐진, 얼음 덮인 황무지야.
키 작은 잡목들로 무성하게 덮여 있는데, 너무 추워서
잡목들이 나무로 성장하지는 못해.

겉 모습은 형편없지만 심해 등각류는 매력적인 애완동물이야. 녀석들은 아주 느릿느릿 움직여. 진저리치게 물이 차가워서 기운을 아낄 필요가 있고, 심해에 먹이도 많지 않기 때문이야. 녀석들은 바다 밑바닥을 긁어서 그 안의 벌레와 해저생물, 물개 똥에 든 영양분을 먹고 살지.

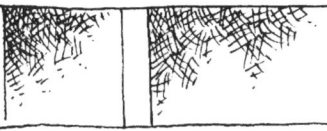

③ 거대한 심해 등각류

설명: 그러니까, 무지무지 큰 쥐며느리 같다.
크기: 170cm (보통 쥐며느리의 10배 길이)
서식지: 남극 바다 밑바닥

세계를 여행하는 북극제비갈매기를 놓치지 않고 따라가려면 문제가 좀 있을걸. 녀석은 여행을 정말 좋아하거든. 녀석은 남극 대륙에서 여름을 지내기 때문에 북극의 우울한 겨울을 피할 수 있어.
그러다 북극 대륙이 여름일 땐 다시 북극 대륙으로 돌아가지. 그런 식으로 좋은 기후만 쫓아다녀. 그리고 오가는 길에 꼭 몇 차례 물고기 만찬을 즐겨. 가방을 꾸려서 같이 붙어 다니고 싶다고? 왕복 4,000km인데….

④ 세계 여행을 즐기는 북극제비갈매기
설명: 까만색 머리, 흰 몸통, 선홍색 부리에 길게 갈라진 꼬리를 갖고 있다. 작지만 눈에 확 띄는 외모.
서식지: 북극과 남극 대륙

⑤ 몸매가 아름다운 웨들바다표범
설명: 조그마한 머리통에 왕눈이로 몸집이 크고 육중하다. 몸통에 검은색과 회색 얼룩이 있고, 윤기가 자르르 흐르는 회색 털이 나 있다.
크기: 몸길이 3m, 무게 500kg
서식지: 남극 대륙 주변의 해빙

웨들바다표범은 대개 기온이 비교적 높은 빙하 밑에서 살아. 녀석은 뾰족한 이로 얼음을 갈아서 숨구멍을 뚫어(그러니 늘 이가 빠지지). 가죽 밑의 두툼한 지방이 체온을 유지시켜 준단다.
녀석은 깊은 바다 속의 물고기와 오징어를 먹고 살아. 바다표범은 워낙 뛰어난 심해 잠수 부라서 먹이를 구하는 동안 한 시간이나 숨을 참을 수 있어(아무리 배가 고파도, 집에서 이 짓을 따라 하면 안 돼).

극지 애완동물 가게에서 제공하는
☆ 이 주의 선물 ☆

극지 애완동물 가게에서 이번 주의 대표 동물을 소개합니다!
가장 근사한 극지 애완동물은…… 혹한에도 잘 견디는

☆ 북극곰 ☆

설명: 엄청 커다란 백곰!

날카로운 이: 먹이를 씹어 먹는다 (메뉴에 오르지 않게 조심하도록!).

털로 덮인 발: 폭신한 눈에 빠지지 않고 걸을 수 있다. 수영할 때는 물갈퀴 역할을 한다.

자그마한 머리와 귀: 열 손실을 줄인다.

하얀 털: 얼음 위에서 위장 수단이 된다.

기다란 코: 차가운 공기가 폐에 도달하기 전에 찬 기운을 제거하고, 물개 냄새를 맡는다.

날카로운 발톱: 미끄러지지 않게 단단히 얼음을 붙잡고 물개를 후려친다.

두툼한 털: 추위를 막는다. 털 속에 태양열을 간직한다. 기름기가 많아서 방수도 된다. 털 아래에는 두꺼운 지방층이 있어서 몸을 따뜻하게 유지해 준다. 편리하게도 이 지방은 먹이나 물로 변환된다.

북극곰을 애완동물로 기를 생각이라면 알아 둘 게 있어. 북극곰 돌보기는 쉽지 않단다. 접시에 담긴 우유나 작은 생선 정도로는 간에 기별도 안 가. 북극곰은 새끼 고양이가 아니거든. 그래도 기르고 싶다고? 그렇다면 북극곰을 돌보는 데 필요한 유의사항과 요령을 알려 주지.

북극곰을 애완동물로 기르기 - 주인 입문서

- 애완동물에게 알맞은 엄청나게 큰 침대(아니, 사실은 큰 집)를 구하라. 북극곰은 굉장히 육중하다. 나는 여행을 다니던 중 몸무게 1t(톤)에 키가 3미터 정도 되는 곰들이 우뚝 서 있는 걸 우연히 본 적이 있다(여러분 키의 거의 2배다). 곰은 가장 크고 가장 힘이 센 육식동물이다. 여러분을 위한 충고 한마디! 녀석의 이빨은 무척 날카로우니 되도록 멀리 떨어져 있을 것.

- 곰을 수영장에 데려가라. 북극곰은 운동을 충분히 해야 한다. 하지만 산책은 꿈도 꾸지 말 것. 북극곰은 뛰어난 수영선수다(일종의 개헤엄을 친다). 며칠이고 계속 수영할 수도 있다. 곰이 다시 나타나지 않더라도 걱정하지 말 것. 쉬고 싶으면 녀석들은 큰 부빙에 뛰어올라 잠을 잔다. 때로는 그 상태로 수백 킬로미터를 떠다니기도 한다.

● 물개 고기를 비축해 두어라. 보통의 애완동물 사료로는 안 된다. 북극곰은 윤기 나는 물개 고기를 좋아한다. 물개를 아예 통째 먹는 것도 좋아한다. 북극곰은 치사한 사냥꾼이다. 녀석들은 물개의 숨구멍 옆에서 기다린다. 그들의 또 다른 위장 수단인 발로 검은 코를 가린 채. 그러다 물개가 공기를 마시러 올라오면 발톱으로 물개 머리를 후려친다. 굉장하다! 후각이 예민한 북극곰은 물개가 1km 넘게 떨어진 얼음 밑에서 조용히 움직여도 그 냄새를 맡을 수 있다.

● 북극곰을 길들여라! 할 수 있다면. 녀석들에게는 점잖치 못한 버릇이 있다. 먹이가 부족하면 마을로 와서 쓰레기통을 뒤지는 버릇 말이다. 캐나다의 처칠에서는 사고뭉치 북극곰이 좀도둑질을 하다가 잡혀서 곰 감옥에 갇히기까지 한다! 자주 위반하는 곰들에게는 진정제 주사를 놓고 잠이 들면 헬리콥터에 태워 마을에서 멀리 떨어진 안전한 곳으로 옮긴다.

● 북극곰의 귀여운 겉모습에 속지 마라. 아기 북극곰이 사랑스럽긴 하다. 크리스마스 카드에 그려진 녀석들은 특히. 그렇지만 겉모습은 함정일 수 있다. 아기 북극곰은 금방 자란다. 그리고 걷기 시작하면서 거의 동시에 먹이 잡는 방법을 배운다. 그러니 혹시라도 북극곰 새끼를 끌어안고 싶다면 한두 번쯤은 심하게 물릴 각오를 해야 할 거다. 아얏!

지구가 들썩일 사실

남극 대륙에는 북극곰이 없다. 아니, 커다란 육지 동물이라고는 아예 찾아볼 수 없다. 그런 동물들이 살기엔 너무 추우니까. 남극에 일 년 내내 사는 가장 큰 생명체가 모기 따위의 작은 날벌레인데, 그나마 날지를 못한다. 이 조그만 날벌레의 몸길이는 기껏해야 12mm. 가장 큰 게 그렇다는 말이다.

여러분이 너무 궁금해할까 봐 하는 말인데, 날개가 있다 해도 아무 의미가 없다. 바람이 너무 세게 불어서 날 수가 없으니까. 워낙 살기가 힘들다 보니, 심지어 진드기(진드기는 거미와 밀접한 관계가 있다)는 물개의 콧구멍 속에서 산다. 진드기에게 물개 코를 깨끗이 청소하도록 훈련시키는 것도 괜찮겠지?

펭귄을 고, 고, 골라

북극곰을 기를 여유는 없고 작은 것들은 좀 성가시다면 펭귄은 어때? 여러분은 펭귄이 고급 레스토랑의 웨이터처럼 차려입은 우습게 생긴 새라고 생각할지도 모르겠다. 물론 맞는 말일 수도 있다. 그러나 지독한 추위에서 살아남아야 하는 상황이라면 이 대담한 펭귄을 멍청이라고 볼 수 없다. 이를테면, 황제펭귄을 보자.

황제 펭귄

- 열 손실을 줄이는 작은 부리
- 방풍, 방수가 되는 두꺼운 깃털
- 두꺼운 지방층
- 알주머니
- 수영할 때 지느러미로 사용하는 날개 (펭귄은 날지 못하지만 수영을 잘한다)
- 열 손실을 막는 작은 발

황제펭귄은 갑작스런 추위에도 당황하지 않는다. 그 정도 추위에 쉽게 물러날 녀석들이 아니다. 오히려 얼어붙을 것처럼 날이 추워지면 기운이 솟는 녀석들이다. 그래서 기후가 최악일 때도 남극 대륙의 빙하에서 겨울을 보낸다. 새끼도 그곳에서 태어난다. 여러분이 황제펭귄의 새끼라고 상상해 보라. 살아남을 수 있을까?

황제펭귄이 되어 볼까?

1. 엄마 펭귄이 자기 발 위에 12cm나 되는 큼지막한 알을 낳는다. 그러고 나서 엄마 펭귄은 사라진다. 엄마는 바다로 물고기를 잡으러 가고 아빠가 남아서 아기를 품는다.

2. 아빠는 발 위에 알을 얹고 균형을 유지하며 늘어진 털가죽으로 알을 덮는다. 그 늘어진 가죽을 알주머니라고 하는데, 그것으로 따뜻하고 아늑하게 알을 품는다. 알이 차가운 얼음 위로 떨어지면 안에 있는 아기 펭귄은 죽고 말 것이다.

3. 아빠 펭귄은 60일 동안 밤낮으로 먹지도 않고, 쉬지도 않는다. 기온이 영하 40°C로 떨어지고 눈보라가 몰아쳐도 꼼짝 않는다. 대단하지? 그렇지만 아빠는 혼자가 아니다. 아빠는 온기를 유지하기 위해 다른 아빠들과 함께 둥글게 웅크리고 있다.

4. 아기 펭귄은 한겨울에 알에서 깨어난다. 아빠 펭귄은 생후 8주가 될 때까지 발 위에 아기를 얹고 다닌다. 8주가 지나면 두껍고 폭신한 깃털이 다 자라서 아기 펭귄이 따뜻하게 지낼 수 있다.

5. 맹목적인 사랑을 쏟아 부은 아빠는 몇 달 동안 먹지 못해서 비쩍 마르고 뼈만 앙상하다. 다행히 엄마 펭귄이 돌아온다. 아슬아슬하게 시간에 맞춰서. 굶주림에 지친 아빠 펭귄이 어기적거리며 바다로 가서 실컷 포식하는 동안, 엄마 펭귄은 아기의 저녁거리로 생선을 약간 토해 준다.

6. 한여름쯤 되면 아기 펭귄도 다 자라서 자기를 돌볼 수 있다. 집을 떠나 물고기를 잡으러 바다로 향한다. 그렇지만 빙하 언저리에 숨어서 사냥감을 기다리는 레오퍼드바다표범을 조심해야 한다. 녀석들이 제일 좋아하는 고기가 뭘까? 맞다, 어린 펭귄이다.

극지 바다의 생활

육지에서 살아남기 위해서는 몹시 강인해야 하지만, 극지 바다에서는 이야기가 다르다. 바닷물은 살을 에는 듯 차갑지만 생명이 가득한 곳이다. 배고픈 극지 생물들의 식욕을 충분히 채워 줄 수 있을 만큼 먹이가 풍부하다. 바다의 동물들은 먹이사슬의 일원이다. 먹이사슬이란 과학자들이 먹고 먹히는 생명체들 간의 연결 고리를 설명하기 위해 사용하는 이름이다. 먹이사슬은 대개 식물에서 시작된다. 전형적인 먹이사슬은 다음과 같다.

남극해의 먹이사슬은 다음과 같다.

크릴의 비밀 일기

크릴은 5cm 길이의 새우 비슷한 갑각류다. 정말 작달막하다. 그러니 흰긴수염고래의 배를 채우려면 엄청나게 많은 양의 크릴이 필요하겠지? 맞는 말이다. 흰긴수염고래는 실로 어마어마한 식욕의 소유자다. 그들은 무려 4t(톤)의 크릴을…… 매일 먹는다. 그만큼의 학교 급식을 먹는다고 상상해 보라! 게다가 그들만 있는 게 아니다. 욕심 사나운 바닷새와 펭귄, 물개, 물고기도 크릴로 배를 채운다.

이처럼 크릴은 극지의 먹이사슬에서 대단히 중요하다. 하지만 크릴은 이에 대해 어떻게 느낄까? 하루 종일 쫓겨 다니다가 점심으로 먹히는 게 뭐 그리 좋겠는가? 크릴이 비밀 일기를 썼다면 어땠을까?(좋아! 지금이야말로 마음껏 상상의 나래를 펼쳐 볼 시간이야.)

남극해, 한여름
오후 1시: 할 일이 있어 근처에서 단짝이랑 헤엄치며 점심 시간을 보냈다. 배가 고파서 간식으로 얼어붙은 조류를 맛있게 먹었다.

오후 1시 10분: 어? 간식을 먹으려는 찰나, 흰긴수염 고래가 어슬렁거리며 지나갔다. 엄청나게 큰 입이라니. 쟤들은 왜 덩치에 걸맞는 먹이를 잡지 않는 거야? 형편없는 식사 예절에 대해 따져 볼까? 쟤들은 저 큰 입을 쫙 벌리고 헤엄친다니까(그게 예의 없는 짓인 줄 모르나?).

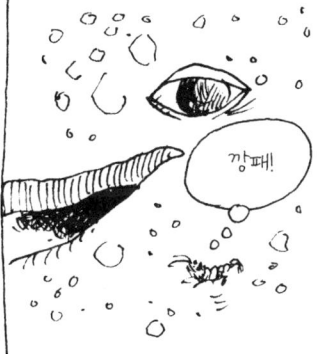

오후 1시 20분: 징글징글한 저 동네 깡패가 꿀꺽 한 번에 죄다 쓸어 갔다. 나랑 친구들은 간신히 도망쳤지만 다른 애들은 재수 없게 물에서 걸러져 녀석의 입으로 직행했다. 정말이지, 크릴의 운명이란. 뒤통수에도 눈이 필요하니. 그날 잠시 뒤……

오후 3시: 어휴, 또 시작이군! 나를 잡으러 오고 있어. 크고 두툼한 녀석의 입에 침이 고이잖아. 엄마 보고 싶어!

몇 분 뒤……

메모: 가슴 아프게도 이것이 크릴의 마지막 일기였다. 이것으로 크릴은 운이 다했다. 흰긴수염 고래는 신경이나 쓸까? 신경 쓰긴, 천만의 말씀! 어쨌든 바다에는 여전히 물고기가 많이 있으니까.

크릴은 대규모로 떼지어 헤엄치는데 한 무리의 무게가 1,000만 t(톤)까지 나가. 이 떼거리는 어마어마하게 커서 배의 전파 탐지기나 대기권 밖의 위성에서도 볼 수 있어. 과학자들은 남극해에 약 6,000억 마리의 크릴이 있다고 생각해(지구 인구의 100배나 돼). 그렇게 많으니 흰긴수염고래가 놓칠 리 없지.

오싹오싹 건강 경고

맛있는 소시지와 튀김을 마구 먹고 싶다고? 크릴 소시지와 튀김은 어때? 크릴과 크림치즈 샌드위치는? 믿거나 말거나, 크릴 요리가 빠른 속도로 사람들의 입맛을 사로잡고 있다. 문제는, 그 음식을 게걸스럽게 빨리 먹어 치워야 한다는 것. 크릴이 순식간에 후다닥 사라지니까. 아이고!

강인한 극지 식물

식물은 따스한 햇살 아래 간간이 소나기가 쏟아지는 날씨를 좋아한다. 식물들은 이런 완벽한 조건에서 꽃을 피운다. 물론 극지에서는 기대할 수 없는 조건이다. 여러분은 춥고 건조한 데다 바람도 거센 환경에서는 식물이 살아남지 못할 거라고 생각하겠지. 하지만 놀랍게도 그런 환경에서 자라는 식물이 있다. 이사 갈 생각을 하고 있는 외부 식물들을 위해 극지 식물에 관한 정보를 공개한다.

1. 흙 걱정이 없다. 남극 대륙의 조류(아주 작은 단세포 식물)는 미세한 털이 있어 눈에서 미끄러지듯이 움직인다. 그런 식으로 광합성에 필요한 빛을 찾아간다. 그리고 몸이 얼지 않도록 부동액 같은 것을 만들어 낸다. 어떤 곳의 조류는 나무딸기 아이스크림 같은 선홍색으로 눈을 물들인다. 조류의 붉은색은 햇빛 차단제 같은 작용을 해서 조류가 극지의 초강력 햇볕에 타지 않게 보호해 준다. 훌륭하지?

2. 먹는 것에 까다롭지 않다. 매끈한 바위 위에서도 자랄 수 있는 이끼는 극지에 적합한 식물이다. 이끼는 산성 성분을 만들어 바위를 녹이고 산산이 부순다. 그 다음 잘디잔 뿌리를 들이밀어서 바위의 영양분을 빨아들인다. 다른 이끼들은 물개나 펭귄이 바위 위에 남긴 분비물로 살아간다. 우아, 멋진데!

3. 어디에서나 산다. 남극 대륙의 어떤 조류는 딱딱한 바위 안에서 산다. 이 까다로운 식물은 태양 열(알베도 효과)을 흡수하는 어두운 색 바위를 선호한다. 바위 안에 살면 살을 에는 바람도 피할 수 있다. 조류는

미세한 틈을 통해 바위로 들어간다. 그리고 바위 성분 중 빛을 통과시키는 성분이 흡수하는 햇빛으로 살아남는다.

4. 되도록 천천히 성장한다. 이끼가 가혹한 추위 속에서 살아남는 이유다. 극지에서 식물이 자랄 수 있을 만큼 따뜻한 날은 1년에 딱 하루뿐이다. 그러니 양배추 잎 크기의 이끼 한 조각은 나이가 수백 살은 된 것이다. 학교 급식에 나오는 질척한 양배추조차도 그 정도로 나이 들지는 않았는데!

5. 겨울에 꽃을 피우지 않는다. 겨울은 말할 수 없이 깜깜하고 춥다. 하지만 봄이 되면 극지 식물들도 꽃을 피운다. 극지 식물들은 다음 한파가 오기 전에 서둘러 씨를 퍼뜨려야 한다.

6. 눈에 띄지 않게 조심한다. 극지의 나무는 여러분이 흔히 마주치는 나무처럼 크고 무성하지 않다. 사실 워낙 작아서 한 번에 폴짝 뛰어넘을 수 있다. 북극버드나무 같은 나무들은 거세게 부는 바람을 피하느라 나지막하고 호리호리하게 자란다. 이끼류와 마찬가지로 나무도 서서히 자란다. 연필 두께의 버드나무 줄기도 족히 수백 년은 된 것이다(그런데 남극 대륙에서는 어떤 나무도 자라지 않는다).

극지의 사람들

북극곰은 극지방에 사는 걸 좋아하겠지. 그러면 사람은 어떨까? 놀랍게도, 북극 근처에 살고 싶어 하는 사람들이 있다. 그럼 극지에 사는 사람들은 도대체 어떻게 얼음 위에서 생활하고 있을까? 뭔가 물어보고 싶다면 북극 현지의 이누잇을 만나 보자. 그들은 평생을 얼음 위에서 살아왔으니까.

극지의 사람들

이누잇은 얼음으로 뒤덮인 알래스카와 캐나다 북부, 그린란드에 산다. 이누잇은 그들 말로 '사람'을 뜻한다. 이누잇은 전통적으로 물고기를 잡고 동물을 사냥하며 북극 지방을 돌아다닌다. 계절이 바뀌면 그들의 생활도 따라 변한다. 여름에는 바닷가 근처의 물개와 고래, 바다코끼리를 잡아서 겨울을 대비할 식량으로 비축한다. 겨울에는 순록(카리부)을 사냥하기 위해 내륙으로 이동한다.

그럼 이누잇은 도대체 어떻게 그런 일들을 할까? 그들은 어떻게 살아남을까? 이누잇을 찾아가 만날 계획이 있다면, 다시 생각해 볼 것. 여러분은 그동안 넘쳐나는 숙제와 쥐꼬리만 한

용돈으로 꽤나 단련되었다고 생각할지 모른다. 그렇다고 얼어 죽을 정도의 추위를 무릅쓰고 현관을 나서지는 않을 것이다. 북극에서 사는 일은 지독하게 힘들다. 이누잇은 얼음을 자기 손바닥처럼 잘 알고 있는 극지 생존의 전문가다. 하지만 이누잇이나 여러분이나 한 번 까딱 잘못 움직이면 죽기 십상이다.

이누잇처럼 사는 법을 배우고 싶다면, 그들의 극지 생존 안내서를 슬쩍 들여다보자. 안내서에는 각종 조언과 요령이 빼곡히 적혀 있다. 믿음직한 우리의 글로리아에게 그냥 물어봐도 된다. 글로리아는 그 책을 늘 끼고 다니니까.

선생님 골려 주기

선생님이 외국어 몇 가지쯤은 자신 있다며 늘 자랑을 늘어놓는다고? 짜증나겠군. 어려운 말 빨리 하기로 선생님 코를 납작하게 해 주면 어떨까? 선생님이 숙제 해 왔냐고 물으면 배시시 웃으며 이렇게 말하는 거다.

너, 무슨 문제 있니?

님: 아니, 아무 문제 없어 물었을 뿐이야. 너는 시험도 잘 보고 숙제도 잘하는 착한 학생이잖니. 이제 앉아서 아이들 해답을 맞춰 봐. 그 다음에 수학 문제를 풀고, 질문, 틀린 문제가 있는지 살펴보자, 얘야.

이누잇이 쓴 초보자를 위한 극지 생존법

〈제1과〉 입는 것

여러분이 극지로 떠난다면 그곳에 적합한 옷을 입어야 한다. 그런데 멋지게 보일 생각은 하지 말 것. 따뜻한 게 제일이다. 아무래도 스웨터 한 벌을 더 껴입어야 할 거다(사랑하는 할머니가 그 스웨터를 크리스마스에 입으라고 주셨더라도). 또 속에는 따뜻한 공기를 함유하고 땀을 배출할 수 있는 옷을 여러 겹 입어야 한다(땀이 배출되지 않으면 온기가 떨어져 피부가 언다). 따뜻하고 편안하게 지내려면 현지인들이 입은 옷을 눈여겨볼 것. 그리고 그들의 옷을 본보기로 삼을 것.

이것이 수백 년 동안 이누잇이 입어왔던 전통 복장이야. 지금은 대부분의 이누잇들이 허드슨 베이컴퍼니(캐나다 최대의 유통 체인)나 통신판매를 통해 현대식 의류를 구입하지만.

근사해!

지구가 들썩일 사실

여러분이 어떻게 생각하든, 이 아노락(모자가 달린 모피 재킷)은 바보들이나 입는 구닥다리 방수 외투가 아니다. 이누잇 말로는 안누라아크라고 하는데, '정말 근사한 외투'라는 뜻이다. 음, 실제로 정말 따뜻하다.

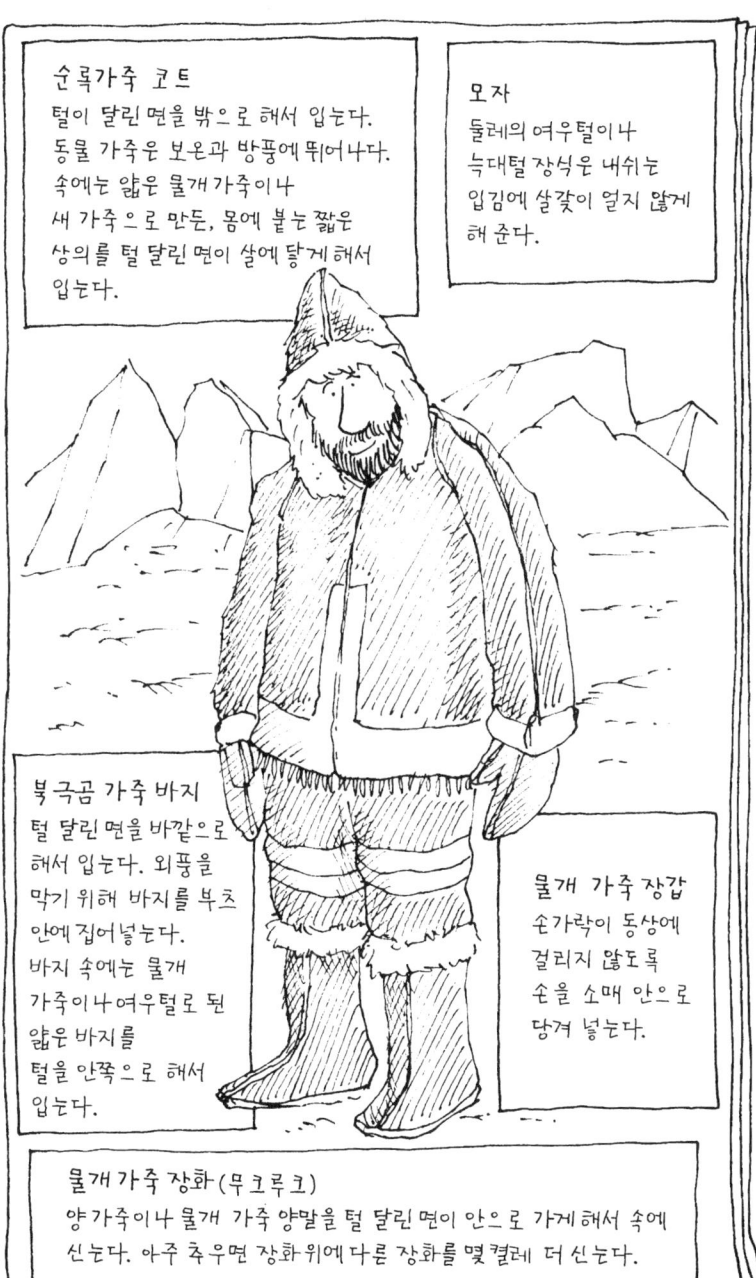

순록가죽 코트
털이 달린 면을 밖으로 해서 입는다.
동물 가죽은 보온과 방풍에 뛰어나다.
속에는 얇은 물개 가죽이나
새 가죽으로 만든, 몸에 붙는 짧은
상의를 털 달린 면이 살에 닿게 해서
입는다.

모자
둘레의 여우털이나
늑대털 장식은 내쉬는
입김에 살갗이 얼지 않게
해 준다.

북극곰 가죽 바지
털 달린 면을 바깥으로
해서 입는다. 외풍을
막기 위해 바지를 부츠
안에 집어넣는다.
바지 속에는 물개
가죽이나 여우털로 된
얇은 바지를
털을 안쪽으로 해서
입는다.

물개 가죽 장갑
손가락이 동상에
걸리지 않도록
손을 소매 안으로
당겨 넣는다.

물개 가죽 장화(무크루크)
양가죽이나 물개 가죽 양말을 털 달린 면이 안으로 가게 해서 속에
신는다. 아주 추우면 장화 위에 다른 장화를 몇 켤레 더 신는다.

물개 장화 만들기

새 가죽 운동화가 마음에 든다면 신발 가게로 그냥 불쑥 들어가면 된다. 정말 쉽다. 하지만 얼음이 가득한 북극 지방에 신발 가게가 있을 리 없다. 그래서 손재주가 뛰어난 이뉴잇은 옷을 직접 만들어 입는다. 혹시 위장이 튼튼한 편인가? 다음 장면을 보려면 비위가 좋아야 하는데. 자, 준비됐지? 이뉴잇이 물개 가죽 장화를 어떻게 만드는지 살펴보자.

참고: 옛날에는 가죽 외투를 얻으려는 물개 전문 사냥꾼들 손에 수백만 마리의 물개가 죽임을 당했다. 이제는 사냥이 엄격히 통제된다. 단, 이뉴잇은 생존을 위해 물개 고기와 가죽이 필요하므로 물개 사냥을 할 특별한 권리가 있다. 그들은 단순히 운동이나 오락으로 물개를 죽이지는 않는다.

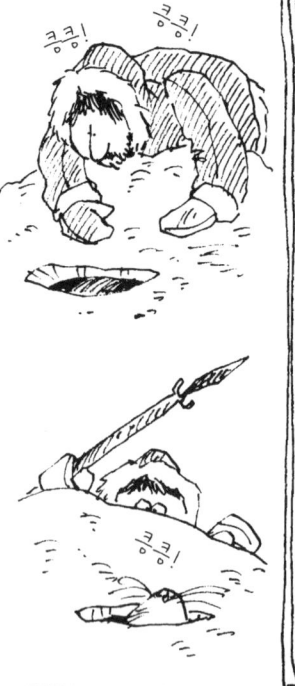

1. 제일 먼저, 물개를 한 마리 잡는다. 잡는 일은 생각보다 쉽지 않다. 물개는 주로 얼음 아래의 물에서 지낸다. 다행히 이뉴잇은 물개 사냥 전문가다. 그들은 물개들이 감추려 하는 숨구멍이 어디 있는지 정확히 안다. 어떻게? 음, 그들은 얼음에 난 이빨 자국이나 고약한 냄새가 나는 물개 똥을 한눈에 알아본다.

2. 그들은 숨구멍 옆에서 손에 작살을 들고 기다린다(오늘날 대부분의 이뉴잇은 엽총을 사용한다. 어쩌다 잘못 쏘면 큰 총소리에 물개들이 혼비백산해서 도망간다). 이 일은 끈기가 필요하다. 대단한 끈기가. 얼마나 기다려야 물개가 숨 쉬러 올라올지 모르니까.

3. 작살로 물개를 잡으면, 껍질을 벗기고 고기를 큰 덩어리로 자른다. 이 뉴잇은 물개 고기를 정말 좋아해서 익혀서든 날로든 잘 먹는다. 말린 물개 창자는 별미다. 사실, 물개에서 먹을 수 없는 부위는 기름진 담낭 한 군데뿐이다. 남은 부위는 겨울을 대비해 냉동시킨다.

4. 물개 가죽을 펼친 다음 칼로 지방을 긁어낸다(이뉴잇들은 지방을 버리지 않는다. 지방은 램프와 화덕의 연료로 유용하게 쓰인다). 신발을 만드는 제화공은 가죽에 칼자국이 나지 않도록 조심해서 손질한 뒤 밤새 오줌, 그래, 오줌에 담가서 부드럽고 깨끗하게 만든다. 그 다음 가죽을 씻어서 나무못으로 고정시켜 말린다.

5. 이제야 장화를 만들 수 있다. 실로 발과 다리의 치수를 잰다. 그 다음 물개 가죽에서 신발창 두 개와 갑피 두 개를 자른다. 워낙 질겨서 바늘이 들어가지 않는 물개 가죽을 부드러워질 때까지 이빨로 씹는다. 그런 뒤 장화를 꿰맨다. 이뉴잇은 예전부터 물개 뼈를 바늘로, 물개 힘줄을 실로 썼다(오늘날 실 대신 치실을 사용하는 경우가 간혹 있다!).

6. 장화의 윗부분을 뒤집어서 구멍에 줄을 꿰고 적당히 조인다.
드디어 장화 완성!

물개의 영혼

이뉴잇이 물개를 잡으면서 절대 빼먹지 않는 의식은 바다의 여신 세드나에게 감사하는 것이다. 그들은 동물도 인간과 마찬가지로 영혼이 있다고 믿는다. 사람들이 물개를 존중하지 않으면 세드나 여신은 노발대발한다. 세드나 여신이 화가 나면 머리가 헝클어지고 산발이 되어 물개란 물개는 모두 머리카락 속으로 엉켜 들어간다. 그러면 이뉴잇이 잡을 물개가 남아나지 않는다. 이런 일이 생기면 이뉴잇 한 사람이 깊은 최면 상태에 들어간다. 그는 마음 속으로, 머리끝까지 화가 난 세드나 여신의 해저 동굴에 찾아가 여신의 머리를 빗겨 주고 물개를 풀어 준다.

세드나여신한테 갔다 올게.

〈제2과〉 먹는 것

좋아. 극지에서 입을 옷은 마련했고, 그럼 어떤 걸 먹을까? 북극은 너무 추워서 과일과 채소가 자라지 않는다. 그래서 이뉴잇은 주로 생선과 지방, 고기를 먹는다. 그들의 음식은 지나치리만큼 건강에 좋고 필수 비타민으로 가득 차 있다(여러분의 학교 급식과 달리). 성공적으로 사냥을 마친 날이면 그들은 잡은 음식을 나누며 잔치를 연다. 짐작해 봐! 그래, 여러분도 초대됐어.

이뉴잇 잔치 메뉴~

전채
• 엄선된 최고급 소스
냉동 건조된 물개나 순록 고기와
함께 나온다.

소스 1 피와, 녹아서 액체가 된 지방을 섞은 순록(또는 물개)의 부드러운 살코기들. 뇌조(새의 일종)의 위장으로 간을 맞춘다.

소스 2 물개나 고래의 지방 덩어리를 썩어서 액체가 될 때까지 서늘한 곳에 둔다.

소스 3 순록의 위장에 들어 있는 반쯤 소화된 내용물. 풀이나 잎사귀 덩어리를 가려낸다.

주 요리
- 키비아크

맛 좋은 소시지 형태. 그린란드 지역의 진미로, 특히 결혼식 때 쓰인다. 집에서 이 소시지를 만들고 싶다면 조리법은 다음과 같다.

필요한 것
- 약 300마리의 작은 바다쇠오리
- 지방을 제거하기 전의 물개 가죽

할 일
1. 물개 가죽에 바다쇠오리를 가득 넣고 꿰맨다.
2. 돌무더기 밑에 묻고 가죽이 썩도록 둔다.
3. 6개월간 기다린 다음 가죽을 다시 파낸다.
4. 지독한 치즈 냄새가 코를 찌르면 먹는다!

주의 사항: 이에 낄 수도 있으니 깃털과 뼈, 부리를 신경 써서 골라내고 손으로 먹는다.

곁들여 나오는 음식
- 일각고래 가죽 조각: 질기지만 맛있는 나무 열매 맛이 난다.
- 물개의 뇌를 으깬 것: 따뜻할 때 먹는다.
- 즙이 많은 이끼류: 순록의 위장에서 잘라낸다.

푸딩
- 순록 깜짝 선물

건포도를 넣은 수이트 푸딩과 커스터드 푸딩은 잊도록. 자극적인 이 푸딩은 방금 죽인 순록 위장에서 빼낸 따뜻한 피로 만든다. 여러분을 위한 깜짝 선물!

오싹오싹 건강 경고

간과 양파를 좋아한다면 그 간이 혹시 북극곰의 것은 아닌지 확인할 것. 북극곰의 간은 비타민 A를 과도하게 많이 함유하고 있어서 인간에게 치명적일 수 있다.

〈제3과〉 집짓기

오늘날 대부분의 이뉴잇은 현대식 도시에서 나무로 지은 작은 집에 산다. 그들은 전통적으로 여름에는 물개 가죽 텐트에서, 겨울에는 지하에 돌과 흙으로 지은 집에서 살았다. 하지만 사냥 여행을 하기 위해 밖에 있거나 눈보라가 불기 시작한다면? 하루 이틀 지내려면 바람을 막아 줄 따뜻한 피난처가 필요한데 아무리 둘러봐도 부근에 눈 말고는 아무것도 없다. 그러나 당황하지 마시라. 도움은 가까이에 있으니. 다음은 이뉴잇의 집 중 가장 유명한 형태인 이글루, 즉 눈집을 짓는 법이다.

필요한 것
- 칼(동물 뼈나 바다코끼리의 상아로 만든 것)이나 톱
- 아주 단단한 눈 약간

할 일

1. 눈 위에 누워서 팔과 다리를 쭉 뻗는다. 그러고는 팔과 다리를 아래위로 움직여서 주변에 커다란 원을 그린다.

2. 커다란 여행 가방 크기의 얼음 벽돌을 약 30개 만든다.

3. 벽돌 일부를 바닥에 동그랗게 늘어놓은 다음, 나머지 벽돌을 나선형으로 쌓아서 둥근 지붕 모양으로 만든다.

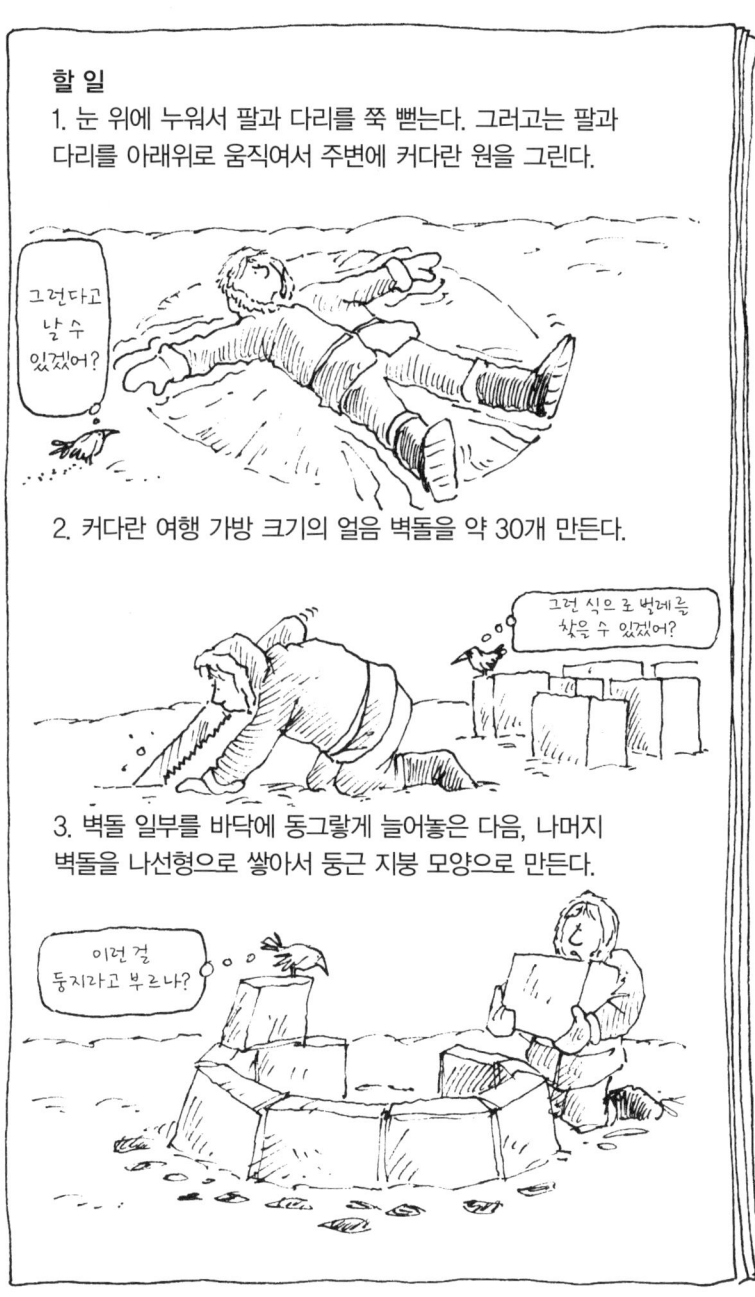

4. 꼭대기에 통풍 구멍을 남기고 마지막 벽돌을 끼운다.
5. 틈새는 눈으로 메운다.
6. 한쪽 땅속으로 입구용 굴을 뚫는다(이렇게 하면 차가운 공기가 들어오지 못한다).

일급 요령: 눈은 열을 차단하기 때문에 훌륭한 건축 자재가 된다. 바깥이 아무리 추워도 이글루 내부는 따뜻하고 편안하다. 이누잇 전문 건축가는 이글루 한 채를 완성하는 데 한 시간도 채 안 걸린다. 여러분이라면 얼마나 걸릴까?

이누잇은 경이로운 생존 기술을 이용해 북극 지방에서 수천 년을 살았어. 하지만 오늘날 그들의 삶도 변화하고 있지. 대다수 이누잇은 오랜 유목 생활을 포기해야만 했어. 대신 현대식 시설이 완비된 정착지에서 살아. 슈퍼마켓과 엽총, 스노모빌 같은 최신 시설은 이누잇의 생활을 한결 수월하게 만들었어. 그런데 개중에는 전통적인 생활 양식이 사라지는 것을 걱정하는 사람들도 있어.
그건 심각한 비극일 수 있지.
그렇다고 해서 이누잇들의 앞날에 전혀 희망이 없는 건 아니야. 저항하는 이누잇도 있거든. 1999년 캐나다 북부에 새로운 구역이 만들어졌어. 그곳은 '우리의 땅'이라는 뜻의 누나부트라고 불리는데, 이누잇을 위해 이누잇이 운영하는 지역이야.

남극 과학

한편 남극은 아주 딴판이다. 혹독한 추위 때문에 남극에서 영원히 사는 건 불가능하다. 그러나 그곳에서 휴가를 보내거나 (비용이 제법 드니까 저금을 해야 할걸. 그곳에 가는 방법은 119~120쪽을 참조할 것) 과학자로 일할 수는 있다. 놀랍게도 인내심 많은 수천 명의 과학자와 지원 인력이 추위와 강풍을 무릅쓰며 남극 대륙에서 일하고 있다. 그럼 그들은 도대체 왜 그 일을 할까?

흠, 과학 분야에서 남극 대륙은 믿기 어려울 정도로 굉장한 곳이다. 세계에서 가장 큰 연구실로, 지구상 어디에서도 그와 같은 곳을 찾아볼 수 없다. 남극의 과학은 학교에서 공부하는 과학, 도저히 잠을 피할 수 없는 따분한 과학과는 전혀 다르다. 아니, 이것은 전혀 새로운 과학이다. 굉장히 흥미롭다. 지독하게 따분한 실험이나 지긋지긋한 실험관은 잊어버려라. 남극의 과학은 매력적인 빙하와 급속 냉동된 화석, 신기한 야생 생물 등에 관한 것이니까. 멋지겠지?

극지의 과학자가 될 수 있을까?

극지에서 일하려면 무엇이 필요할까? 잠깐 퀴즈를 풀면서 여러분이 적합한 후보자인지 알아보자.

1. 건강하고 튼튼한가? 예/아니오
2. 야영하는 것을 좋아하는가? 예/아니오
3. 늘 배가 고픈가? 예/아니오
4. 고글을 쓰면 어울리는가? 예/아니오

5. 느긋한 성격인가? 예/아니오
6. 언어를 쉽게 익히는가? 예/아니오
7. 목욕하기를 싫어하는가? 예/아니오
8. 깔끔하고 단정한가? 예/아니오
9. 턱수염이 있는가? 예/아니오

여러분의 결과는?

예 7~9개 : 축하해요! 정말 침착하군요. 여러분은 근사한 비커가 될 거예요(비커는 '과학자'를 뜻하는 과학자들의 암호다).

예 4~6개 : 좋아요. 하지만 여러분은 덜 아슬아슬한 일을 하는 편이 낫겠어요.

예 3개 이하 : 세상에! 극지에서 하는 일은 여러분에게 적당하지 않아요. 덜 모험적인 일을 해 보세요. 지리 숙제 같은 걸로!

어이, 거기 비커들, 정말 잘했다. 일자리는 확실하게 잡았다고 생각할지 모르겠군. 하지만 지금까지는 그저 첫걸음에 불과하다. 다음에서 실제로 무슨 일을 하게 될지 확인해 보자.

1. 건강하고 튼튼한가? 그래야 하는 것이, 극지 과학 관련 분야는 힘든 일이 많다. 가도 좋다는 허가를 받기 전에 철저한 건강 진단을 받게 될 것이다. 운동을 좋아하면 도움이 된다. 특히

암벽 등반 같은 운동은 크레바스에서 사람들을 구조하는 데 유용하다. 여러분도 떨어지지 않게 신경 써야겠지.

2. 야영을 좋아해? 야영 생활에 익숙해져야 한다. 남극 대륙의 과학자들은 주로 연구 기지에서 산다. 어떤 기지는 숙소와 과학 연구실, 부엌, 병원, 도서관, 체육관, 전용 발전기까지 갖춘 작은 마을 같다. 볼링장을 갖춘 데도 있다. 그러나 몇 달씩 나가서 지내는 현지 조사 때는 야영을 할 수밖에 없다. 강풍에 잘 버티는 피라미드 모양 텐트를 잊지 말고 가져가도록. 또한 야영지에 깃발을 꽂아 표시하는 일도 절대 잊지 말 것. 눈보라가 몰아쳐 텐트가 눈에 묻히는 경우를 대비해서 말이다.

3. 늘 배고프다고? 남극 대륙에서는 (반드시 수행해야 하는 기본적인 작업에 필요한 에너지 말고) 체온 유지에도 상당한 에너지가 소모된다. 그러니 엄청나게 먹어야 한다. 사실 과학자들은 현장 조사를 하는 동안 하루에 약 3,500cal(칼로리)를 먹어 치운다. 이는 평상시 먹는 양의 2배다. 주로 먹는 냉동 건조 음식은 휴대가 간편하고 무게도 가볍다. 그저 물(얼음을 녹여 만든)을 부어 먹으면 딩동댕, 한 끼가 해결된다. 어떤 기지는 온실을 갖추고 있어서 신선한 샐러드용 채소도 키울 수 있다.

4. 고글이 어울려? 어울리든 안 어울리든, 태양 광선으로부터 눈을 보호하려면 고글을 써야 한다. 남극 대륙의 태양 광선은 얼음이나 눈에 반사되어 특히 강렬하다. 고글이나 성능 좋은 선글라스가 없으면 설맹에 걸려서 몇 시간 또는 며칠 동안 앞을 못 볼 수도 있다. 물론 고글만 쓴다고 해서 다 해결되는 건 아니다. 진정한 극지 과학자가 되려면 최고 품질의 극지용 장비를 갖추어야 한다. 무엇보다 따뜻하게 입는 게 최고다. 그럼 극지 과학자들은 무엇을 입을까? 글로리아가 정말 추운 곳에서 입는 패션으로 다시 나타났다.

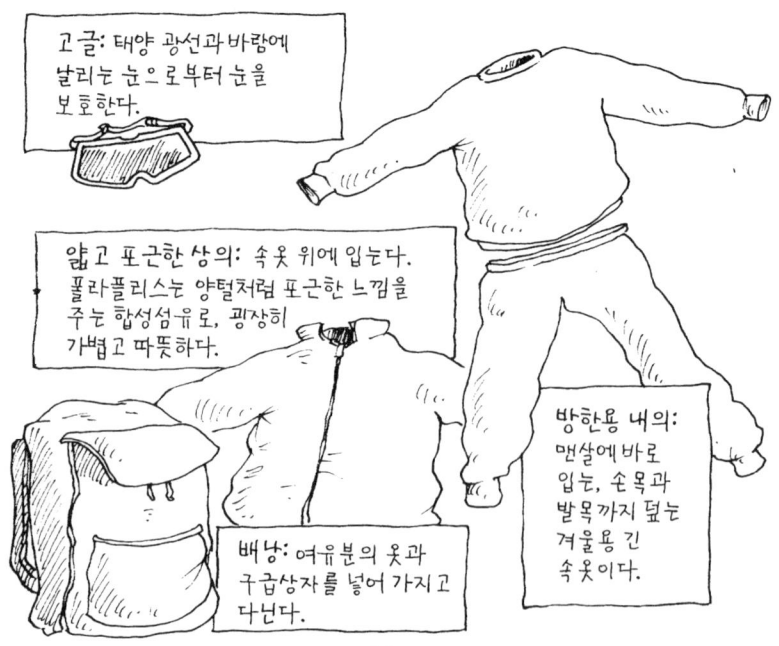

특징: 남극 대륙에 있는 과학자들도 이뉴잇처럼 옷을 여러 벌 껴입는다. 이렇게 하면 따뜻한 공기를 안에 잘 가둘 수 있을 뿐 아니라 너무 더울 때는 벗기도 편하다. 이렇게 입으면 기온이 얼어붙을 정도로 추운 영하 40℃까지 떨어져도 끄떡없다.

오싹오싹 건강 경고

남극 대륙에서는 따뜻하게 입는 것이 아주 중요하다. 그렇지 않으면 치명적인 동상에 걸릴 수 있다. 손가락과 발가락, 귀, 코에 주로 동상이 걸린다. 처음엔 따끔따끔하고 나중에는 감각이 아예 없어진다. 그 다음에는 부어오르다가 빨갛게 변한다. 결국 의식을 잃고 죽는다. 끔찍하지?

저체온증도 위험하다. 온몸이 바들바들 떨리거나 동작이 마냥 느려지고 혀 꼬부라진 소리를 할 때는 저체온증을 의심해 봐야 한다. 결국 체온이 심하게 떨어지면서 의식을 잃거나, 심지어 목숨을 잃을 수도 있다.

5. 느긋한 성격이라고? 그래야 한다. 여러분은 몇 달 동안 계속 바깥세상과 단절된 채 기지 안에 틀어박혀 있어야 한다. 어둡고 춥고 답답한 상황은 쉽사리 여러분의 신경을 긴드릴 것이다. 고통스러워하는 동료 과학자들은 말할 것도 없고.

일이 잘 안 풀린다고 무턱대고 바람을 쐬러 나갈 수도 없다. 문밖에 나가는 순간 추위에 떨어야 하니까. 다만 심하게 향수병을 앓는다면 집에다가 전자 우편은 언제든지 보낼 수 있다.

6. 언어에 재능이 있다고? 도움이 된다. 과학 분야는 끔찍하게 길고 이해 불가능한 단어들로 가득하다. 더 혼란스러운 건, 극지 과학자들에게는 그들만의 비밀 암호가 있다는 것이다. 아니, 이 두 사람은 도대체 무슨 말을 하는 거야?

(대충 옮겨 보면 이렇다.)

딩글: 아름다운

졸리: 재미있는 캠프 여행

스모코: 차 마시는 시간

보그 치즐: 해빙을 점검하는 금속 막대

개시: 귀찮은 일

7. 목욕이라면 질색이라고? 목욕할 때마다 두드러기가 날 것 같다면 굉장히 기쁜 소식이 있다. 남극 대륙에서는 며칠이고 씻지 않아도 좀처럼 퀴퀴한 냄새가 나지 않는다. 냄새는 축축한 공기 중에 떠다니는 아주 작은 입자에서 만들어진다. 그런데 남극 대륙에서는 공기가 극도로 건조해서 아무 냄새도 맡을 수 없다. 게다가 현장 조사 중이라면 화장실은 당연히 없다. 용변을 보고 싶으면 직접 화장실, 즉 구덩이를 파야만 한다. 야영지를 떠날 때는 잊지 말고 하나도 빠짐없이 모든 것을 챙겨 가야 한다. 똥드름도 포함해서. 그것은 거대한 고드름 같은 건데, 무엇으로 만들어졌는지 짐작이 가지?

8. 깔끔하고 단정해? 아무렴, 그래야 한다. 남극 대륙에서 필요한 것은 모두 비행기나 배로 실어 나른다. 식량, 의류, 건축 자재, 과학 기구, 침구류, 커튼까지. 그리고 온갖 쓰레기들을 옮겨야 한다. 전에는 쓰레기를 바다로 던지거나 눈 속에 파묻곤 했지만, 지금은 자기 나라로 실어 와 재활용하거나 불태운다. 그렇게 하지 않으면 이 모든 공해가 하나밖에 없는 남극 대륙의 생태계에 치명적인 영향을 끼칠 수 있으니까.

9. 수염을 기른다고? 필수 항목은 아니지만 직책에 걸맞아 보일 수는 있겠다. 수염은 얼굴에 온기를 더하기는 하지만 얼지 않도록 신경 써야 한다. 진짜 수염이 없다면 가짜 수염을 달아 보든지.

과학자 모집, 지금 신청하세요

아직도 극지 과학자가 되고 싶다고? 이제 그 중에서 어떤 분야를 선택할지 결정해야 한다. 지구일보가 발행한 남극 대륙 특별판의 구인란에서 여러분에게 딱 맞는 일을 골라 보자.

지구일보 (구인)

빙하학자들을 위한 멋진 기회!

직무 내용 설명서:
얼음을 좋아한다면 이건 바로 여러분을 위한 일이다. 여러분은 대부분의 시간을 그 일에 묻혀 지낼 테니까.

필요 기술:
최첨단 장비를 이용해 얼음심을 파내고 연구(49~50쪽을 볼 것)하여 얼마나 오래된 얼음인지 알아내야 한다.

제공되는 것:
얼음이 얼마나 많이 있는지, 얼마나 빨리 녹는지를 알아내는 데 도움이 될 전파 탐지기와 위성.

생물학자의 탁월한 기반!

직무 내용 설명서:
생명체가 극지에서 어떻게 생존하는지를 춥지 않은 곳에서 즐겁게 연구한다.

필요 기술:
위성으로 신천옹의 흔적을 더듬는 것부터 물고기와 물개를 쫓아 얼어붙은 바다 밑으로 스쿠버다이빙을 하는 일까지 모든 일에 달려들 준비가 되어 있어야 한다.

제공되는 것:
최근 오래된 호수에서 발견된 박테리아를 연구하기 위해 얼음 밑으로 수십 킬로미터를 뚫을 장비. 박테리아가 그곳까지 어떻게 갔는지 알아낼 사람이 필요하다.

극지에 꼭 필요한 기상학자!

직무 내용 설명서:
뼛속으로 스며드는 추위에 기꺼이 맞서 극지 기후에 대해 모든 것을 알아내고, 세계의 기상을 예측한다.

필요 기술:
수학 전문가여야 한다. 점검할 장비와, 복잡하고 긴 계산 문제가 많다.

제공되는 것:
최근 극지 과학자가 발견한 오존층에 생긴 구멍 크기를 관찰할 수 있는 위성 장비(자세한 이야기는 130쪽 참조). 자동 기상 관측 장비도 제공된다.

진취적인 지리학자들을 위한 엄청난 임무!

직무 내용 설명서:
암석들을 철저하게 조사해 지구의 비밀을 알아낸다. 빙하가 암석을 얼마나 갈아서 닳게 하는지를 연구한다.

필요 기술:
알다시피 남극 대륙의 육지 대부분은 얼음 아래 묻혀 있다. 값비싼 금속에 대한 안목이 필요하다. 소량이지만 어떤 암석에는 금과 은, 그 밖에 다른 금속들이 눈에 잘 띄지 않게 들어 있다. 화산 연구도 할 것이다. 배짱이 두둑한 사람 환영. 1969년에는 디셉션 섬의 화산이 폭발해서 근처의 과학 기지 두 곳이 파괴되었다.

제공되는 것:
아래에서 산꼭대기를 볼 수 있는 전파 탐지기와 위성.

고생물학자들을 위한 완벽한 연구 공간!

직무 내용 설명서:
암석의 화석을 연구해서 생명체가 오래 전에 어떻게 살았는지를 밝혀낸다. 식물과 파충류뿐 아니라 죽은 지 오래된 공룡의 화석까지도 찾는다.

필요 기술:
세계의 다른 지역에서 발견되는 유사한 화석과 주요 화석의 단서를 비교해서 극지방의 역사를 밝힌다. 남극 대륙이 한때는 따뜻한 초(超)대륙의 한 부분이었다는 사실을 기억할 것.(34쪽 참조)

제공되는 것:
화석을 캐내는 도구와 화석을 숙소로 운반하는 수송 수단(스콧 선장과 부하들처럼 썰매에 돌덩이를 가득 싣고 끄는 일은 절대 없을 것이다).

천문학자들을 위한 놀라운 모험!

직무 내용 설명서:
망원경으로 태양과 별, 위성을 조사한다. 빙하 위의 운석 덩어리들도 살펴본다.

필요 기술:
최근 많은 양의 운석을 발견해 흥분한 천문학자들을 지휘할 수 있어야 한다. 학자들은 수백만 년 된 그 운석들이 달이나 금성에서 왔다고 믿는다. 천문학자들은 오로라(35쪽 참조)와 우주의 기후도 연구한다. 우주 폭풍으로 인해 위성이 망가져 전원이 꺼지면 우주선에서 유영하는 조종사가 극도로 위험할 수 있다.

제공되는 것:
일하기 좋은 아주 맑은 공기와 여름에 하루 종일 내리쬐는 햇살. 그러니 태양을 계속 지켜보는 일은 식은 죽 먹기다.

자, 여러분은 극지에서 새롭게 알게 된 지식으로 단단히 무장했다. 더할 나위 없이 좋은 일자리도 구하고 가짜 수염도 챙겼을 것이다. 하지만 잠깐, 지나치게 큰 물개 가죽 장화를 구하기 전에, 목표를 달성하지 못했던 극지 개척자들을 좀 생각해 보라. 오래 전부터 용감무쌍한 탐험가들은 진실을 밝히기 위해 극지로 떠났다. 그들 가운데 몇 명만이 살아남아 추위에 벌벌 떨던 이야기를 전했는데…….

빙하 탐험가들

어떤 사람들은 모험을 즐긴다. 또 아슬아슬한 짓을 좋아한다. 그런 사람들은 텔레비전 앞에서 보내는 편안하고 조용한 삶을 지겨워하며, 모험을 위해서라면 지구 끝까지 갈 것이다. 사람들은 무시무시한 위험을 무릅쓰면서 오래 전부터 극지를 탐험해 왔다. 그들은 빙산과 눈보라, 북극곰에 과감히 맞섰다. 그런데 도대체 왜 탐험에 나섰을까? 어떤 사람들은 돈 때문에 떠났다. 그들은 장사를 하기 위해 극지를 개척하고 싶었다. 또 어떤 사람들은 그저 이제까지 그 누구도 본 적 없는 미지의 세계를 그리워했다. 극지 탐험가라는 직업 또한 아주 멋져 보였다. 명성과 재산이 보장되는 일이었으니까. 음, 살아서 돌아온다면 말이다.

초기의 탐험가들
첫 번째 북극 보고서

기원전 325년, 세계 여행을 즐기던 그리스인 피테아스는 놀라운 항해를 시작했다. 그는 몇 년 동안 북대서양을 가로질러 항해하며 북극을 탐험했다. 그는 아이슬란드까지 갔다. 아니, 갔다고 말했다. 마침내 고향으로 돌아왔지만 안타깝게도 누구 하나 그의 말을 믿지 않았다. 사람들은 피테아스를 냉대했다.

그가 물렁물렁한 젤리처럼 흔들거리는 얼음으로 덮인 바다를 보았다고 말하자 사람들은 비웃었다. 사람들은 "그럴싸한 이야기군." 하며 시큰둥하게 대꾸할 뿐이었다(오늘날의 지리학자들은 이것이 연엽빙, 즉 원형의 얇은 얼음이라는 것을 안다).

여름엔 온종일 해가 떠 있고 겨울에는 아예 해가 뜨지 않는 곳이 있다는 피테아스의 말에 사람들은 웃음을 터뜨렸다(사실 그들은 극지의 여름철에 볼 수 있는 한밤중 태양에 대해 전혀 들어 본 적이 없었다). 피테아스는 사람들에게 자기 말이 옳다는 것을 알리려고 애쓰면서 남은 인생을 보냈다.

대담한 바이킹

그러나 실제로 북극을 지도에 올린 주인공은 모험을 좋아하는 바이킹들이었다. 서기 982년경 붉은 수염 에릭이라는 포악한 바이킹이 그린란드로 이주했다(아이슬란드에 살았는데 궁지에 몰려 부랴부랴 도망친 것이었다). 물론 그때는 그 섬을 그린란드라고 부르지 않았다. 수완이 좋았던 에릭이 다른 사람들을 꼬드겨서 섬에 데려가려고 붙인 이름이었다. 어땠을까? 효과 만점이었다. 그린란드(greenland)라는 말이 푸른 풀로 뒤덮인 땅을 연상시켜서 사람들이 기꺼이 짐을 싸 들고 갔던 것이다. 그들이 섬에 도착해 얼어붙을 듯 추운 날씨와 엄청난 빙산을 마주하고서 무슨 생각을 했을지는 신만이 알겠지?

혹독한 환경에도 불구하고 강인한 바이킹들은 거의 500년 동안 번성했다. 그들은 땅을 일구고 양과 염소, 소를 키웠다. 그러다 서서히 사라졌다. 아무도 그 이유를 알지 못한다. 사람들은 그들이 해적에게 납치되었거나 돌림병으로 죽었다고 생각한다. 그러나 전문가들은 갑작스런 한파로 동사했다고 믿는다. 옷은 보온이 안 되는 데다가 사냥하는 법도 몰랐던 것. 그러니 갑작스런 한파에 농작물이 죽어 버리자 대책 없이 굶어야 했다는 것이다. 원주민들에게 생존 요령을 물어보기만 했어도 살았을 텐데.

미지의 세계로

한편, 지구 반대편 끝에 있는 남극 대륙은 여전히 풀리지 않는 수수께끼였다. 고대 그리스인들은 머나먼 남쪽에 땅덩어리가 있을 거라고 막연히 짐작했다. 초기 지도에는 '남쪽에 있는 미지의 땅'을 뜻하는 '테라 아우스트랄리스 인코그니타'란 이름이 새겨져 있었다. 그러나 그곳에 가 본 사람은 아무도 없었다.

1772년, 수완 좋은 영국 탐험가 제임스 쿡 선장(Captain James Cook, 1728~1779)이 이야기로만 전해지는 대륙을 찾아 나섰다. 쿡 선장은 실제로 남극 대륙을 보지는 못했지만 최초로 남극권 한계선을 가로질렀고 총빙이 앞길을 가로막기 직전에 코앞에 서 남극 대륙을 돌아 나왔다. 몹시 실망한 쿡은 풀이 죽어서 일기에 이렇게 썼다.

그는 남극 대륙은 아무짝에도 쓸모없다고 비관적으로 덧붙였다.

지구가 들썩일 사실

쿡 선장이 죽자 그의 친구들은 세계를 여행한 그의 삶을 기리기 위해 런던에서 무언극을 무대에 올렸다. 보통 무언극에 등장하는 시시한 가짜 말 따위는 잊어버려라. 쿡의 남극 대륙 탐험을 기리기 위해 특수 제작한 미니 빙산이 무대를 누비고 지나갔으니까.

선생님 골려 주기

아문센이 남극점에 처음 도착했다는 사실은 누구나 안다. 그럼 혹독한 북극점에는 누가 먼저 도착했을까? 선생님이 극지에 대해 얼마나 아는지 시험해 봐. 손을 들고 이렇게 묻는 거지.

답: 미안, 이건 좀 애매한 질문이다. 음, 답은 누군가 이야기 하는데, 그러니까 요놈이 찾을 들고 키지원에 실은 북극 탐험가 사람들이 좋아.

지구일보

1909년 9월 8일

미국 뉴욕 시 최고의 탐험가들, 극지에서 싸우다

오늘, 한 명이 아닌, 두 명의 잘 알려진 탐험가들이 자기가 북극에 처음 도착한 사람이라고 주장하면서 씁쓸한 논쟁을 벌였다. 어제 우리는 미 해군의 로버트 피어리(Robert Peary) 제독이 동상의 고통과 살을 에는 눈보라를 무릅쓰고 북극점을 정복했다는 굉장한 소식을 접했다. 그는 4월 6일 북극점에 도착했다. 53세의 피어리는 꿈을 이루었고, 감격해서 기자에게 이렇게 말했다.

"제 인생의 목표를 달성했습니다. 지난 23년간의 노력과 힘든 작업, 실망, 고난, 궁핍, 괴로움, 위험 끝에 이제 북극을 머릿속에서 떨쳐 버렸습니다. 나는 북극 정복이라는, 지리학상 가장 위대한 영예를 미국의 영광을 위해 받았습니다. 만족합니다."

두 번의 시도는 실패로 끝났지만, 세 번째 시도는 피어리에게 행운을 안겨다 주었다. 그는 몇 달 동안 이뉴잇에게서 필수적인 생존 기술을 배운 것을 성공 요인으로 보았다. 피어리와 그의 동료들은 북극에 미국 국기를 꽂고 멋진 자세로 사진을 찍었다.

피어리의 북극점

그 국기는 피어리의 아내 조세핀이 만들었다.

자랑스러운 순간

년 4월 21일, 이미 북극에 도착했다고 주장한다.

드디어 다 왔다!

"지독한 바람에 얼굴이 화끈거리더니 피부가 갈라졌습니다." 피어리 제독은 우리에게 말했다. "공기마저 얼어붙은 금속같이 매섭고 쓰라렸지요."

실로 영웅적인 위대한 업적이다. 그 소식이 전해지기 무섭게 이야기가 엉뚱한 쪽으로 흘러갔다. 피어리의 소식이 고향에 닿을 즈음, 그의 만만치 않은 경쟁자 프레드릭 쿡 박사는 코펜하겐에서 열린 연회에서 북극점 발견을 축하하고 있었다.
피어리의 예전 동료인 쿡은 2년 동안의 북극 지방 원정을 마치고 얼마 전 돌아왔다. 놀랍게도, 그는 피어리보다 1년 빠른 1908

피어리의 성공 소식을 듣고 쿡은 정중하게 답했다.
"그가 북극점에 도착했다고 발표했다면 그는 해낸 겁니다. 우리 두 사람 모두에게 정말 영예로운 일이지요."
문제는 이 용감무쌍한 두 명의 탐험가 중 누가 진실을 말하고 있는가이다. 우리는 누구를 믿어야 할까? 역사에 이름을 남길 사람은 자랑스러운 피어리일까, 아니면 용감한 쿡일까?
이 이야기는 앞으로도 계속될 것 같다. 지구일보는 독자 여러분에게 최신 소식을 속속 전할 것이다.

북극점에서

피어리는 쿡의 주장을 듣고 격분했다. 이해할 만하다. 그는 쿡이 거짓말쟁이라며 진실을 밝히겠다고 맹세했다. 피어리에게는 안된 일이지만, 사람들은 쿡의 편이었다. 환호하는 관중이 "우리는 당신을 믿어요!"라고 적힌 현수막을 들고 쿡의 귀향을 환영했다.

두 사람은 명망 있는 지리학 협회에서 그들이 지니고 있던 일기와 공책을 조사받았다. 협회는 실질적인 증거를 찾지 못했지만 피어리에게 유리한 판결을 내렸다. 쿡의 탐험 일지에 적힌 날짜가 정황상 맞지 않는다는 것이 그 이유였다. 그리고 그가 보았다고 주장한 땅은 사실 존재하지 않았다. 설상가상으로, 간교한 쿡은 이미 거짓말쟁이로 판명이 났다. 몇 년 전, 그는 알래스카의 매킨리 봉(북아메리카의 최고봉)을 최초로 등반했다고 주장한 적이 있었다. 나중에, 그의 사진이 가짜임이 밝혀졌다. 쿡은 뉴욕의 탐험가 클럽에서 추방되었고 남은 인생을 수치스럽게 보냈다.

그러면 피어리는 진실을 말한 것일까? 뭐라 말하기 어려웠다. 피어리의 주장 역시 거짓이라고 말하는 사람들도 있었다. 피어리의 주장처럼 그렇게 빨리 북극점에 도착했다가 되돌아오기란 불가능하다는 것. 도대체 누구를 믿어야 할지······.

극지 탐험가를 고, 고, 골라 봐

한번 상상해 보라. 극지에 고립되어 있고 동료는 한 사람만 데려갈 수 있는 상황이다. 그러면 누구를 선택해야 할까? 위기에 처한 상황이니 용감하고 강인하며 과감하고 냉정한 사람이 필요할 것이다. 아래의 극지 개척자들은 하나같이 용감무쌍한 탐험가임을 증명해 보인 인물들이다. 여러분은 가장 용감하다고 생각하는 사람을 고르기만 하면 된다. 글로리아가 용감한 참가자 5명을 소개한다.

> 참가자들 모두 이미 각자의 생존 기술로 극지에 맞섰던 사람들이야. 이제 여러분이 그들 중 한 사람을 여행 동료로 고를 차례야. 뽑기 전에 그들의 개인 경력을 주의 깊게 듣고, 인생 일대의 여행 준비를 확실히 하도록!

극지 탐험가

참가자 1번

이름: 빌렘 바렌츠(Willem Barents, 1550?~1597)

국적: 네덜란드

유명해진 이유: 용감한 바렌츠는 북부 시베리아를 가로질러 아시아로 가는 새로운 바닷길을 찾아 세 차례나 대담한 항해를 했다. 배가 빙하에 갇히자, 유럽인으로는 처음으로 북극 지방에서 겨울을 났다. 덜덜덜!

특수 기술: 난파선으로 집을 지었다.

비바람에 시달린 빌렘을 뽑으려면 참가번호 1번에 투표해!

111

참가자 2번

이름: 존 프랭클린 경(Sir John Franklin, 1786~1847)

국적: 영국

유명해진 이유: 노련한 뱃사람인 존 경은 세계를 여행했다. 그는 캐나다 북부를 가로질러 아시아로 가는 새 항로를 찾기 위해 북극 지방에서 수년간 항해했다. 뭐, 새로운 뱃길을 찾지는 못했지만 런던의 웨스트민스터 사원에 그의 동상이 있다. 그냥 그렇다는 얘기.

특수 기술: 뛰어난 항해사이자 선원.
항해에 적합한 존 경을 뽑으려면 참가번호 2번에 투표해.

참가자 3번

이름: 살로몬 안드레(Salomon Andrée, 1854~1897)

국적: 스웨덴

유명해진 이유: 기구를 타고 북극으로 날아가는 시도를 최초로 했다. 기구 이름은 독수리였다. 런던의 마담 튀소 밀랍 인형관에 그의 모습을 본뜬 밀랍 인형이 전시되어 있다. 근사하다!

특수 기술: 하늘을 나는 일이라면 정신을 못 차렸다.
높이 나는 살로몬을 뽑으려면 참가번호 3번에 투표해.

참가자 4번

이름: 크누드 라스무센(Knud Rasmussen, 1879~1933)

국적: 덴마크계 이누잇

유명해진 이유: 영리한 크누드는 이누잇이 얼음으로 덮인 북극 지방에서 어떻게 살아남았는지를 최초로 연구한 사람이다. 크누드는 이누잇에게 배운 것으로 최고의 극지 전문가가 되었다.

특수 기술: 사냥, 낚시, 개썰매 몰기.

박식한 크누드를 뽑으려면 참가번호 4번에 투표해.

참가자 5번

이름: 더글러스 모슨 경(Sir Douglas Mawson, 1882~1958)

국적: 오스트레일리아

유명해진 이유: 뛰어난 과학자 더글러스 경은 1911년에 오스트레일리아의 남극 탐험대를 이끌었다. 그는 미지의 해안을 탐험했고 남극 대륙에서 운석을 처음 발견했다.

특수 기술: 강인함과 과단성.

용감한 더글러스 경을 뽑으려면 참가번호 5번에 투표해.

자, 이 멋진 후보자들 가운데 누구를 뽑았지? 여러분이 과연 여행에서 살아남을 수 있을지 알아볼까? 결과는 역순이야.

5. 2번 참가자를 골랐다면 여러분은 죽었어. 절망적이지.
존 경이 바다 항해에는 뛰어났을지 모르지만 육지에서는 상황이 달랐거든.
1845년 존 경은 128명의 부하와 함께 북극지방을 향해 출발했어.
그리고 소식이 끊겼지. 걱정하던 부인이 2만 파운드(당시로는 큰 금액)의
보상금을 내걸고 수색대를 몇 차례 보냈지만 어디에서도 찾을 수 없었어.
1859년, 수색대가 돌무덤 밑에 감춰져 있던 짧은 기록을 찾아냈어.
용감한 존 경은 1847년 도움을 구하러 가다가 죽었다고 쓰여 있었지.

4. 3번 참가자를 골랐다면 살아남기 하는데 겨우 3개월뿐이야.
1897년, 살로몬과 동료 두 명은 노르웨이의 스피츠베르겐 제도에서 이륙해
북극으로 날아갔어. 하지만 이륙한 지 사흘 만에 기구가 얼음에 내리눌려
불시착해야 했지. 세 사람은 북극곰 고기를 먹으며 석 달을 버텼어.
하지만 슬프게도 세 사람 모두 죽고 말았어. 1930년이 되어서야 그들의
시신을 발견했어. 일기와 사진을 통해 그들의 비극적인 이야기를 꿰어
맞출 수 있었지.

3. 1번 참가자를 골랐다면 여러분은 그럭저럭 괜찮을 거야.
하지만 돌아올 때 문제가 있을걸. 빌렘은 위기에 처해서도 아주 침착했지.
유능하기도 했고. 배가 빙하에 갇혀 꼼짝 못하게 됐을 때 그가 겁을 먹었냐고?
그럴 리 있나! 빌렘은 조금도 당황하지 않고 배에서 나온 목재로 얼음 위에
아늑한 오두막을 지었어. 집에는 포도주 통으로 만든 욕조도 있었어.
선원들은 뜨거운 물병 대신 뜨겁게 달군 돌을 안고 잠을 잤지.
불행하게도 빌렘은 돌아오지 못했어. 여름이 되자 고향을 향해 출발했지만,
도중에 괴혈병으로 죽었거든(부하들 대부분은 살아남았지만).

2. 4번 참가자를 골랐다면, 여러분은 안전할 거야. 식중독으로 죽기는
하겠지만. 크누드는 그린란드에서 자랐어. 그는 어릴 때 이누잇처럼 사냥하는
법과 물고기 잡는 법, 개썰매 모는 법을 배웠어. 여러 부족의 말도 할 수
있었어. 얼마나 열심히 공부했는지! 나중에 크누드는 오페라 가수가 되려고
덴마크에 갔어. 그러다 곧 그린란드로 돌아와 은행을 열었지. 크누드는
은행에서 벌어들인 돈을 여러 탐험대에 자금으로 제공했어(크누드는 결국
상한 바다쇠오리 고기를 먹고 식중독에 걸려 죽었어).

115

1. 그러나 우승자는… 참가번호 5번이야. 대담무쌍한 더 글러스와 함께라면 분명 살아남을 거야. 사실, 그는 여러분보다 오래 견딜 거야. 무적의 더 글러스 모슨 경은 어려움을 무릅쓰고 살아남는 법을 보여주었어. 모든 식량과 텐트를 실은 썰매를 몰던 동료 한 명이 썰매에 탄 채 별안간 크레바스에 떨어지고 말았어. 그 다음에는 다른 동료들이 식중독으로 죽었지(그때까지 그들은 남아 있는 개를 잡아먹어야 했거든). 빈사 상태의 더 글러스 경은 홀로 사투를 벌였어. 어쨌든 그는 캠프로 돌아왔어…. 공교롭게도 그의 배가 떠나가는 모습을 지켜보게 된 바로 그 시간에! 그는 남극대륙에서 또 한 차례 겨울을 보내야했지. 축하해요, 더 글러스 경!

자, 멋진 우승자를 고른 여러분 모두 축하해. 북극까지 스릴 넘치는 개썰매 타기가 특별상이야. 그렇지, 여러분은 곧 얼음을 가로질러 최고 속도로 질주하게 될 거야. 개들에 끌려서. 겁먹을 것 없어! 개들은 귀신같이 크레바스를 (대부분) 찾아내니까. 떠나기 전에 한 가지 더 있어. 썰매를 출발시키는 건 여러분 몫으로 남겨 놨어.

개 썰매 몰기

필요한 것:

- 나무 썰매
- 허스키 5~10마리

할 일:

1. **허스키들을 몰아들인다.** 허스키는 극지 여행에 딱 들어맞는 아주 강인한 개다(애완견 역할도 톡톡히 한다. 그 개들을 소파에서 떼어 놓을 수만 있다면). 허스키는 보온성이 우수한, 두툼하고 푹신한 털이 나 있고 아주 튼튼하다(한 팀을 이룬 10마리 개는 썰매 모는 사람과 짐을 썰매에 한가득 싣고 하루에 50km를 달린다).

그리고 깜빡하고 개 먹이를 준비하지 않았다면 물개 기름을 먹이면 된다(말이 난 김에 말이지만, 그들은 눈에서 웅크리고 잠을 자기 때문에 개집도 따로 필요 없다).

2. 허스키들을 부채 대형으로 썰매에 맨다. 개들은 하나같이 가슴께(일반적인 개 목걸이처럼 목 주변이 아니라)에 회전하는 푹신한 장치를 매고 있다. 그 장치를 봇줄이라 불리는 나일론 밧줄로 썰매에 고정시킨다. 가장 튼튼하고 영리한 개를 선두에 세운다. 봇줄이 부채 모양으로 퍼져 나가게 해야 선두에 나선 개가 크레바스에 빠져도 다른 개들이 따라가지 않는다(여러분의 희망대로).

3. 썰매의 뒤에 선다. "하이크! 하이크!"라고 소리친다. 이것은 허스키들을 움직이게 하는 명령어다(다른 유용한 명령어들: 지-오른쪽으로 돌아라. 하우-왼쪽으로 돌아라. 스트레이트 온-곧장 가라. 이지-속도를 늦춰라. 워-멈춰라. 온 바이-그 토끼를 내려놔).

이제 여러분은 정말로 개 썰매로 여행하고 있다. (중요 사항: 썰매를 멈추려면 썰매 스키 사이에 있는 금속 막대 위에 올라서서 힘껏 밟는다.)

4. 개들이 지쳤다면, 여러분이 썰매의 페달을 밟아서 움직여야 한다. 외발 스케이트를 타는 것처럼 한 발로 썰매를 앞으로 밀면 된다. 떨어질 염려는 하지 마. 개 썰매 여행을 하려면 몇 년씩 연습해야 한다. 하지만 일단 요령을 알고 나면 개 썰매는 정말로 스릴 넘친다. 하이크! 하이크!

참고: 이제는 남극 대륙에서 개 썰매 여행을 할 수 없다. 1994년부터 개 사용이 금지되었다. 과학자들의 추측에 따르면, 허스키에게 이상(치명적인 질병)이 생겼고 그 병이 물개들에게도 번진 것 같다고 한다.

오늘날의 탐사

이 모든 탐험 이야기에 몸이 들썩거린다면 직접 험난한 극지를 탐험해 보지 그래? 해마다 수백 명의 사람들이 극지를 향해 떠난다. 개 썰매 여행이 취향이 아니라면, 목적지에 갈 수 있는 다른 흥미진진한 방법도 많이 있다. 비행기(극지로 가는 대다수의 비행기는 바퀴 대신 스키를 달아서 얼음 위에 안전하게 착륙할 수 있다)를 얻어 타거나 쇄빙선(빙하를 깨부수며 통과하기 위해 특별히 튼튼하게 만든 강철 배)을 타고 선상 여행을 할 수 있다. 심지

어 잠수함으로 갈 수도 있다. 1958년, 미군 잠수함 노틸러스 호는 줄곧 빙하 밑으로 이동해서 북극에 도달했다.

과거의 탐험가들과 달리 오늘날의 탐험가들은 갖가지 최신 장비의 도움을 받는다. 무선 방송과 전자 우편으로 연락하고 위성의 도움으로 항해한다.

설령 최첨단 장비로 만반의 준비를 했더라도 극지 탐험은 굉장히 위험한 일이다. 하루 종일 깜깜하거나 화이트아웃(심한 눈보라와 눈의 난반사로 주변이 온통 하얗게 보이는 현상)이 되면 절망해서 길을 잃기 쉽다. 아니, 완전히 잃고 만다. 얼마 뒤에 보면, 이 부빙과 저 부빙이 똑같아 보이고, 쓸 만한 도로 표지판은 눈을 씻고 찾아봐도 없다. 이쯤 되면 현지 이누잇의 행동을 따라 하고 싶을 것이다. 그들은 길을 찾기 위해 태양이나, 바람이 눈 위에 만든 패턴을 이용한다. 무엇을 하든, 빙산을 기준으로 노선을 정하지는 말 것. 빙산은 계속 바다로 떠밀려 가니까.

위기에 처한 극지

 탐험과는 별도로, 도대체 극지는 어디에 쓸모가 있을까? 내 말은, 극지란 그저 먼 곳에 처박혀 있는 쓸모없는 얼음 덩어리가 아니냐는 것이다. 물론 여러분은 그게 아니라고 생각하겠지만 정말로 유용한 극지의 재산이 빙하와 얼어붙은 바다 속에 숨겨져 있다. 문제는 징글징글한 인간들이 그 자원을 꺼내려고 야단법석을 떨면서 극지를 위험에 빠뜨린다는 점이다. 그렇다면 극지는 왜 위기에 처했을까?
 극지의 다섯 가지 보물이 무엇인지, 그리고 사람들이 무슨 일을 저질렀는지 살펴보자.

극지의 보물 1: 최고의 물개
 우리가 한 일: 18, 19세기에 걸쳐, 남극 대륙에서 수백만 마리의 물개가 가죽 때문에 죽어 나갔다. 물개 가죽은 유럽과 미국, 중국에서 유행을 앞서 가는 귀부인들의 화려한 가죽 모자와 외투, 슬리퍼, 펠트 직물을 만드는 데 사용되었다.

코끼리바다표범은 지방(고품질 기름으로 압축되었다) 때문에, 바다코끼리는 상아 때문에 죽었다.

뭐가 잘못되었을까?: 그렇게 많은 물개가 죽임을 당하자 어떤 종은 거의 씨가 말라 버렸다. 너무 속상한걸. 다행히도 이제 마구잡이식 물개 사냥은 완전히 금지되었다. 현지 주민들만 식량으로 쓸 물개를 소량 잡을 수 있다. 사냥이 금지되자, 하마터면 멸종할 뻔한 물개들의 수가 늘기 시작했다. 이제 물개들은 보호받고 있다.

극지의 보물 2: 엄청나게 큰 고래

우리가 한 일: 사냥꾼들이 노린 것은 물개만이 아니었다. 사람들은 고기와 지방, 고래수염 따위를 얻기 위해 수백만 마리나 되는 고래들을 죽음으로 몰아넣었다. 그것은 빗과 낚싯대, 우산, 상류층 귀부인의 코르셋을 만드는 데 쓰였다. 거대한 고래의 수염은 100년 전에도 무려 500만 원에 팔렸다. 고래 사냥은 큰돈을 벌 수 있는 사업이었다.

뭐가 잘못되었을까?: 한때는 거의 씨가 마를 지경까지 고래를 잡았다. 고래는 여전히 몹시 희귀하다. 하지만 오늘날에는 고래를 해치지 못하게 보호하는 엄격한 규정이 있다. 해마다 식용이나 과학 연구용으로 수백 마리의 고래만 포획을 허용한다. 상업적인 사냥은 금지된다. 1994년, 남극 대륙과 남극해가 공식적인 고래 보호 구역으로 공표되었다. 그래서 집채만 한 고래들이 다시 돌아오고 있다.

극지의 보물 3: 냉동 보존 물고기

우리가 한 일: 해마다 많은 어선들이 극해에서 수백만 톤의 물고기와 새우, 오징어를 잡는다. 오늘날의 트롤선은 놀라운 첨단 기술을 이용한다. 트롤선은 컴퓨터와 전파 탐지기, 위성을 이용하여 해산물을 추적하고 거대한 그물로 낚아 올린다. 어떤 트롤선은 물 위를 떠다니는 물고기 공장 같다. 트롤선에서는 물고기를 잡을 뿐만 아니라 손질하고 냉동시킬 수도 있다. 편리하지?

뭐가 잘못되었을까?: 어떤 어부들은 포획에 관한 규정을 지키지 않고 물고기를 마구잡이로 잡는다. 특히 메로(비막치어)가 큰 피해를 입고 있다. 고기 맛이 좋은 메로는 상품 가치가 매우 높다. 문제는 메로가 다 자라기까지(약 2미터) 약 30년이나 걸린다는 것이다. 그래서 미처 다 자라지도 않은 메로를 마구 잡아들인다(이건 불법이다). 설상가상으로, 신천옹 같은 수천 마리의 바닷새들도 낚싯줄에 얽혀서 희생된다.

극지의 보물 4: 다량의 석유

우리가 한 일: 북극의 빙하와 툰드라 지대에는 귀중한 석유가 다량 매장되어 있다. 욕심 사나운 인간들은 석유를 얻기 위해 그 지역을 깊숙이 파고 있다. 적지 않은 양의 석유가 얼어붙은 시베리아와 알래스카에서 발견되었다. 지하에서 퍼 올린 석유는 파이프를 통해 수천 킬로미터 떨어진 정유 공장으로 옮겨진다.

뭐가 잘못되었을까?: 석유를 나르는 데 쓰이는 도로와 송유관은 극지방의 취약한 서식지를 망가뜨린다. 알래스카에 있는 북극 야생 생물 보호 구역의 예를 들어 보자. 미국에서 제일 큰 국립 공원이지만 곧 역사의 뒤안길로 사라질지도 모른다. 미국 정부가 석유를 찾아 시추한다는 계획을 추진한다면 말이다. 석유 누출의 위험도 있다. 1989년, 유조선 엑손 발데스 호가 알래스카 연안에 좌초해서 5,000만 ℓ(리터)의 석유가 바다로 흘러 들어갔다. 그것은 올림픽 경기를 치르는 큰 수영장 13개를 가득 채울 수 있는 양이다.

끝없이 펼쳐진 해안에 기름이 스며들어서 물고기와 새, 바다의 포유동물들이 떼죽음을 당했다. 남극 대륙 연안에도 많은 석유가 묻혀 있을 테지만 찾기는 쉽지 않다. 더욱이, 최소 2041년까지, 남극 대륙에서는 어떤 종류의 상업적 채굴도 할 수 없다.

극지의 보물 5: 휴가

우리가 한 일: 해마다 수많은 여행객들이 극지로 향한다. 믿기 어렵다고? 끔찍한 휴가를 좋아하는 사람도 있는 법이니까.

가장 근사한 휴가를 위해 극지 선상 여행을 즐기세요. 여러분을 지구의 끝으로 모십니다. 쇄빙선과 고무보트를 타는 비용과, 최고 극지 안내원의 봉사비가 경비에 포함됩니다. 여러분을 일상의 근심에서 벗어나게 해 줄 바로 그런 휴가입니다.

불리한 조건 : 잊지 말고 재미있는 읽을거리를 꼭 가져올 것. 날씨가 나쁘면 며칠 내내 배 안에서 지내야 함. 찍을 수 있는 게 전부 빙산 사진들뿐이라 집에 가져가면 친구들을 따분하게 만들 수 있음.

뭐가 잘못되었을까?: 어떤 사람들은 여행객이 득보다 해를 끼친다고 생각한다. 특히 그들이 현지의 야생 생물들을 불안하게 하고 많은 쓰레기를 남길 때면. 달리 생각하면, 여행객이 집으로 돌아가서 극지가 얼마나 근사한 곳인가를 주변 사람들에게 설명한다면 극지를 구하는 데 도움이 될 수 있다.

여러분이 휴가때 남극 대륙에 가려고 한다면, 극지를 최고의 상태로 보존하기 위해 지켜야 할 간단한 규칙이 있어.

반드시 해야 할 것은…
- 새나 물개와 거리를 둔다. 특히 사진찍을 때. 동물들이 여러분을 알아차린다면 이미 너무가까이 다가간 것이다. 절대 먹이를 주거나 건드리지 않는다.
- 쓰레기는 모두 집으로 가져온다. 배 밖으로 아무것도 던지지 않는다.
- 연구 기지를 방문하기 전에 반드시 기지에 문의한다. 과학자들에게 방해가 될지도 모르니까.

오싹오싹 건강 경고

1980년대 초반에 과학자들은 남극 위의 오존층에서 커다란 구멍을 발견했다. 오존은 태양의 뜨거운 자외선을 차단하는 유용한 가스다. 자외선을 많이 쪼이면 바삭 타는 수가 있다. 게다가 그 구멍이 해마다 커지고 있다. 구멍의 크기는 현재 유럽 전체 크기의 2배에 이른다.

누구를 탓해야 할까? 맞다. 당연히 징글징글한 인간이다. 오랫동안 우리는 프레온(염화불화탄소)이라는 무시무시한 가스를 공기 중에 마구 뿌려 댔다. 프레온 가스는 냉장고, 에어로졸 스프레이 등에 광범위하게 쓰였다. 다행히 1987년 몬트리올 의정서가 채택되어 생산량과 소비량을 규제하면서 점차 다른 물질로 대체되고 있다(그렇다고 여러분이 악취를 팍팍 풍기게 된다는 뜻은 아니다. 요즘 만드는 방취제는 프레온 가스를 사용하지 않는다). 그러나 프레온 가스가 대기 중에서 사라지는 데는 긴 시간이 필요하다. 오존 구멍이 메워지려면 적어도 50년은 걸릴 것이다.

녹는 순간

그러나 빙하에서 진짜로 휴가를 즐기고 싶다면, 서두르는 편이 좋겠다. 뭐가 그리 급하냐고? 지리학자들은 지구가 점점 더 워지면서 극지가 녹고 있다고 걱정한다. 이미 거대한 빙하 덩어리가 남극 대륙에서 떨어져 나오고 북극해 빙하는 줄어들고 있다. 이번에도 인간을 탓해야 할까? 아니면 자연의 얄궂은 장난일까? 이번에는 전문가를 불러 보자. 과연 의견이 같은 지리학자 두 명을 찾을 수 있을까.

유감스럽지만, 비난받아야 할 건 사람이야. 우리는 온실 가스*를 대기 중에 너무 많이 내뿜고 있어. 그 가스 때문에 세계가 놀라운 속도로 더워지고 있지.

*온실가스는 지구를 훈훈하게 덥혀 주는 이산화탄소, 메탄가스 같은 기체를 말한다. 온실 가스는 마치 온실의 창유리처럼 태양 광선을 통과시키고 열은 그대로 유지하는 '온실 효과'를 낳는다. 이 기체들은 자동차와 대형 트럭의 배기가스에서, 공장과 발전소의 공해에서, 그리고 열대 나무들을 너무 많이 태워서 생긴다.

말 같지도 않은 소리야. 이건 다 자연 탓이야. 지구의 기후는 자연스럽게 바뀌고 있어. 기후는 오랫동안 같은 상태인 적이 없었어. 우리 인간도 수백만 년 동안 한파와 따뜻한 날씨를 번갈아 가며 겪었잖아.

그렇다 하더라도, 대부분의 과학자들은 지구 온난화에 대한 책임이 인간에게 있다고 본다. 과학자들은 지구 온도가 2100년까지 약 2℃ 상승할 거라고 예측한다. 2℃면 별거 아닌 것 같겠지만 약간의 온도 상승만으로도 극지의 빙상과 빙하가 녹을 수 있다. 이런 일이 벌어지면, 상상할 수 없을 만큼 많은 양의 물이 바다로 쏟아져 들어가 해수면을 50m 이상 상승시키고 저지대의 많은 섬과 도시를 집어삼킬 것이다.

여러분이 런던이나 베네치아에 살고 있다면 특히 조심하도록. 물에 흠뻑 잠기게 될 테니.

위험한 미래?

자, 극지방의 앞날은 어떤 모습일까? 온통 어둡고 답답하기만 할까? 그렇지 않다. 지구의 남극과 북극을 지키기 위해 많은 사람들이 열심히 노력하고 있다는 반가운 소식이 있다.

까다로운 조약

북극 지방의 땅은 북극에 인접한 여러 나라가 소유한다. 그런데 남극의 주인은 누구일까? 답: 아무도 없다.

1959년, 12개 나라가 남극 조약에 서명했다. 남극 조약은 남극의 대륙과 바다를 어떻게 이용해야 하는지를 알려 준다. 각 나라는 남극 대륙을 보호하고 오직 평화적인 목적을 위해서만 사용하기로 굳게 약속했다. 다행히도 아직까지 남극 조약이 효력을 발휘하고 있다. 오늘날 남극 조약에 서명한 나라는 46개국(2008년 1월 현재)에 이른다. 남극 조약의 내용을 살펴보자.

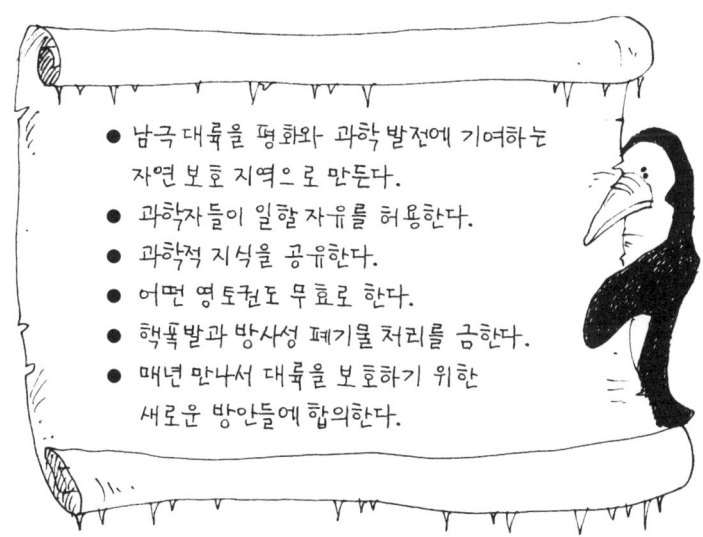

- 남극 대륙을 평화와 과학 발전에 기여하는 자연 보호 지역으로 만든다.
- 과학자들이 일할 자유를 허용한다.
- 과학적 지식을 공유한다.
- 어떤 영토권도 무효로 한다.
- 핵폭발과 방사성 폐기물 처리를 금한다.
- 매년 만나서 대륙을 보호하기 위한 새로운 방안들에 합의한다.

1998년, 남극 조약에 환경 보존에 관한 항목이 추가되었다. 남극 대륙에만 살고 있는 야생 생물을 보호하기 위해 광물을 캐기 위한 채굴이나 석유 시추를 금지하기로 했다. 과학자나 여행자는 반드시 쓰레기를 도로 가져와야 한다. 이 정도면 극지를 보호할 수 있을까? 글쎄, 두고 봐야겠지. 한편 남극 대륙을 영원토록 보존하려면 거대한 세계 공원으로 만드는 수밖에 없다고 주장하는 사람들도 있다. 그러면서 공원 관리자로 누구를 내세울 것이냐를 두고 아직도 입씨름 중이다.

　어쨌든, 한 가지는 확실하다. 혹독한 극지방은 지구의 다른 어느 곳에서도 볼 수 없는 사람과 동물이 존재하는 진정 경이로운 황무지다. 극지가 사라진다면 엄청난 비극이 될 것이다. 게다가 극지는 지구상에서 제일 시원한 곳이다. 그야말로 이가 딱딱 부딪칠 정도로 맞는 말이다.

관련 웹사이트

더 많은 정보를 알고 싶다면 아래의 극지 사이트를 참조하라.

www.antarctica.ac.uk
영국 남극 대륙 조사단. 남극 대륙에 상주하는 과학자들의 최신 정보와 일지가 올라온다.

www.spri.cam.ac.uk
스콧 극지 연구소. 북극 사람들과 탐험가, 풍광, 야생 동물에 관한 정보를 얻을 수 있다.

www.south-pole.com
남극 탐험가에 대한 정보, 극지 기후에 관한 사실과 수치를 얻을 수 있다.

www.glacier.rice.edu
북극과 남극의 상황에 대한 지도와 목록, 사실, 수치를 얻을 수 있다.

www.heritage-antarctica.org
남극 대륙 헤리티지 트러스트. 회원으로 가입해서 스콧과 섀클턴의 낡은 원정대 오두막 구하는 일을 도울 수 있다.

www.iaato.org
국제 남극 관광 협회 웹사이트. 남극 대륙 관광 정보가 들어 있다.

www.survival-international.org
서바이벌 인터내셔널의 웹사이트. 서바이벌 인터내셔널은 원주민들이 그들의 집과 터전을 지키도록 돕는 세계적인 단체다. 사이트에 접속하면 훌륭한 교육 자료 〈위, 더 월드〉를 내려 받을 수 있다. 추크치 족과 다른 에스키모들의 생활도 볼 수 있다.

www.kopri.re.kr
한국해양연구원 부설 극지연구소 웹사이트. 우리나라 극지 연구의 역사와 극지에 관한 다양한 정보를 제공한다. 남극과 북극의 자연 환경과 생태계를 생생한 사진과 동영상으로 살펴볼 수 있다.

www.kosap.or.kr
한국극지연구진흥회 웹사이트 '폴라랜드(Polar Land)'. 극지 탐험과 극지의 자연, 생태 등 유익한 극지 정보를 총 망라했다. 웹진 〈미래를 여는 극지인〉을 통해 극지 탐험기, 세종 기지와 다산 기지에서의 활동 모습 등 최신 소식을 만날 수 있다.